# LA MÉDITATION PROFONDE

–

## Le chemin vers la liberté personnelle



Yogani

(Traduit par Didier)

AYP – SÉRIE POUR L'ILLUMINATION SPIRITUELLE

Édition française 2012

Advanced Yoga Practices (AYP)

Pour plus d'informations:

www.advancedyogapractices.com

ISBN 978-1-481018-94-4 (Paperback)
ISBN 978-1-938594-11-3 (eBook)

"Tenez-vous tranquilles, et sachez que je suis Dieu..."

*Psaume 46:10*

# Introduction

*"The Advanced Yoga Practices Enlightenment Series"*, une série de livres sur les pratiques avancées de yoga avec l'illumination pour objectif, est une tentative pour présenter les méthodes de yoga les plus efficaces dans une suite de livres faciles à lire que chacun peut utiliser pour obtenir des résultats pratiques immédiatement et à long terme. Pendant des siècles, ces pratiques puissantes ont été enseignées en secret, principalement dans un effort pour les garder intactes. Maintenant, à *l'âge de l'information*, nous sommes capables de conserver la connaissance pour les générations présentes et futures mieux que ce ne fût jamais le cas par le passé. Une question demeure : « jusqu'où pouvons-nous aller pour transmettre efficacement des méthodes spirituelles par écrit ? »

Depuis son début en 2003, l'enseignement des pratiques avancées de yoga, *Advanced Yoga Practices*, a été une expérience pour voir jusqu'à quel point il était possible de transmettre des pratiques avec beaucoup plus de détails que dans les enseignements du passé. Les livres peuvent-ils nous donner des moyens précis pour fouler le chemin de l'illumination, ou avons-nous besoin de nous abandonner aux pieds d'un gourou pour trouver le salut ? Il est clair que nous devons nous abandonner à quelque chose, ne serait-ce qu'à notre propre potentiel inné à vivre une vie plus libre et plus heureuse. Si nous sommes capables de le faire, et de garder une pratique journalière, alors des livres tels que celui-ci peuvent prendre vie et nous instruire sur les chemins de la transformation spirituelle de l'être humain. Si le lecteur est prêt et si le livre en vaut la peine, des choses étonnantes peuvent se passer.

Bien que le nom d'une personne soit donné comme auteur de ce livre, ce livre est en fait un condensé des efforts de milliers de pratiquants pendant des milliers d'années. Il est la tentative d'une personne de simplifier et de rendre efficace des méthodes spirituelles que beaucoup ont démontrées à travers l'histoire. Ma totale gratitude va à tous ceux qui m'ont précédé ainsi qu'à tous ceux avec qui j'ai le privilège d'être actuellement en contact et qui se consacrent à leur pratique et obtiennent de bons résultats.

Le sujet de ce volume, *la méditation profonde*, a une importance toute particulière dans l'ensemble des pratiques de yoga. Aucune autre pratique ne peut faire davantage pour nous apporter la liberté personnelle dans notre vie quotidienne. Cultiver le silence intérieur éternel et inébranlable grâce à la méditation profonde journalière a des effets qui vont si loin que cette pratique à elle seule est capable de transformer notre expérience de la vie pour qu'elle soit un bonheur et une créativité sans fin. Pour cette raison, j'appelle la méditation profonde le *cœur du yoga*.

J'espère que vous trouverez ce livre utile dans votre cheminement sur la route que vous aurez choisie.

Pratiquez avec sagesse et avec joie !

# Table des matières

# Chapitre 1 – « Qui suis-je? »

La question la plus importante à nous poser dans cette vie est : « qui suis-je ? ». Tout de suite après, la question : «  qu'est que je fais ici ? ». Depuis que nos lointains ancêtres ont commencé à penser, les êtres humains se posent ces deux questions et nous continuons à nous les poser.

Dès le tout premier commencement, il y a des milliers d'années, bien des efforts ont été faits pour comprendre ces questions fondamentales sur notre humanité et pour réaliser leurs conséquences par l'expérience. De nos jours, nous continuons à nous les poser. C'est par les « pratiques » que l'aspect expérimental peut être abordé. Quelque chose appelée méditation vient en tête de toutes les pratiques.

La méditation a pris des sens différents suivant les personnes. Quelques décades en arrière les dictionnaires définissaient simplement la méditation comme le fait de « penser » ou de « réfléchir ». De nos jours, la compréhension est meilleure et la méditation peut se définir, par exemple, « comme une façon spécifique de penser amenant un équilibre mental, émotionnel et physique ». Ceux qui se sont engagés dans la spiritualité vont un pas plus loin en disant que la méditation nous amène à la réalisation directe de ce que nous sommes et de ce que nous faisons ici dans ce monde. Comment est-ce possible ?

Une méthode efficace de méditation nous conduit à ressentir une tranquillité profonde, un silence intérieur qui défie toute description, un vide empli de paix, de créativité et de bonheur. C'est la condition naturelle de notre esprit au-delà des processus de la pensée. Quand nous sommes dans cet état, nous ne pouvons pas nous empêcher de penser que c'est notre vraie nature. Nous nous sentons tellement à la maison. C'est si bon. Ce n'est pas seulement une expérience mentale. Avec une méditation efficace, chaque cellule de notre corps entre dans une paix profonde et vivante. Nombre des symptômes corporels de cette tranquillité, de ce silence intérieur sont mesurables, tout le métabolisme ralentit en même temps que le mental.

Ce qui est vraiment spectaculaire dans la méditation n'est pas le fait de s'asseoir, de suivre une procédure mentale et de ressentir une expérience profonde de tranquillité, de paix et de bonheur. Il est question de bien davantage que d'une expérience transitoire qui pourrait ressembler à une évasion. La méditation pratiquée régulièrement permet à notre système nerveux de prolonger toujours davantage le silence intérieur obtenu pendant la méditation, dans notre activité quotidienne, quand nous sommes pleinement engagés dans le monde. Non seulement pendant la méditation nous avons un aperçu de notre « Soi véritable », mais nous le cultivons pour qu'il devienne une expérience à plein temps dans notre vie.

Cela a des implications immenses sur la qualité de notre vie avec des bénéfices pratiques dans tous les aspects de notre perception de nous-mêmes, de nos relations et de notre carrière. Même si la procédure de la méditation peut être très agréable, la vraie raison de pratiquer réside dans les bénéfices à long terme dans notre vie. La méditation est un chemin puissant pour mener à la liberté personnelle. En définitive, elle répond aux deux questions éternelles :

- Qui suis-je ? - Je suis la conscience silencieuse derrière tout cela.

- Que fais-je ici ? - Je suis ici pour grandir dans la pleine conscience de ma vraie nature, paix, créativité et bonheur.

Depuis le commencement des temps, les êtres humains ont recherché non seulement leur nature véritable, mais encore la nature du monde et du cosmos autour d'eux. Tant de mystères ! Depuis des milliers d'années, peu à peu nous avons décrypté les codes de *Mère Nature*. La science moderne appliquée apporte l'évidence la plus visible de nos progrès dans notre compréhension du fonctionnement de notre univers. Là où nous avions l'habitude de nous déplacer à cheval, maintenant nous conduisons des automobiles, des trains, des avions. Là où nous communiquions avec des messagers à pieds, en échangeant des signaux avec des drapeaux ou de la fumée, nous envoyons maintenant des myriades d'informations sur toute la surface de la Terre et à travers le vide de l'espace. Là où nous supportions des épidémies qui périodiquement mettaient en danger la survie de la civilisation, nous sommes maintenant capables de prévenir ou de guérir la plupart des maladies grâce à notre compréhension qui augmente tous les jours, de la bioscience et de la génétique. Il a fallu une accumulation immense de connaissances à travers les siècles pour accomplir ces réalisations.

Dans l'approche théorique de la physique quantique, nous sommes sur le point de définir l'omniprésence et le potentiel sans limites de la conscience. C'est là que notre expérience de l'émergence du silence intérieur dans la méditation rejoint la perspective que toutes les choses soient en réalité la manifestation d'une seule, un champ infini de conscience. Nous ne nous avançons pas beaucoup en postulant que l'essence unifiée de toutes choses n'est rien d'autre que cette tranquillité vivante que nous ressentons pendant et après notre pratique de la méditation.

C'est la réponse ultime à la question « qui suis-je ? ». Je suis l'essence de toutes choses et tout ce qui est manifesté est l'essence de ce que je suis.

Quelles sont les qualités de ce soi-disant champ de conscience sans limites, derrière toutes choses ? Nous pouvons le découvrir par la méditation. A mesure qu'à travers notre méditation journalière nous percevons toujours davantage notre nature intérieure, nous découvrons que nos désirs et notre comportement s'élèvent peu à peu à un niveau plus haut que celui atteint précédemment. Nos attentes correspondent davantage à notre évolution intérieure. Nous ne nous demandons plus la raison de notre présence en ce monde. Nous en venons à comprendre que nous sommes ici pour vivre la vérité qui est en nous dans chaque aspect de notre vie. Nous ne nous débattons plus avec des règles morales ou pour savoir comment nous conduire dans nos affaires. Nous savons que l'action juste vient d'une perspective intérieure. L'amour et la compassion deviennent graduellement la fondation de toutes nos actions. Automatiquement, nos actions apportent harmonie et unité dans notre vie et dans celle de ceux qui nous entourent. Tout cela vient de la pratique d'une méditation efficace.

Heureusement, rien de ce qui a été dit jusqu'ici ne doit être pris comme parole d'évangile. « La parole est facile », ce sont les résultats qui feront la différence et non des arguments philosophiques. Vous avez déjà entendu tout cela, n'est-ce pas? Nous avons repris les bases afin de poser les fondations. C'est maintenant le moment de mettre la main à la pâte et de compléter le reste du tableau avec notre propre expérience. C'est la meilleure approche.

Le reste de ce livre est consacré à la pratique de la méditation, une forme très efficace que nous appelons *méditation profonde*. Avec les informations qui vont suivre, vous pourrez facilement découvrir la vérité de la méditation, la vérité sur vous-même et sur toutes choses autour de vous.

Si nous suivons la procédure journalière simple de la méditation profonde, nous en viendrons à connaître qui nous sommes et ce que nous faisons ici.

Voyons cela de plus près…

# Chapitre 2 – La méditation profonde

Le mental est une machine, une machine à penser. Une machine qui mouline des pensées toute la journée et la plus grande partie de la nuit. Le mental n'est pas la conscience, il n'est qu'une machine. Nous sommes la conscience. Cela fait ressortir une possibilité intéressante. Si nous pouvons mettre au repos le mental, notre machine à penser, qu'allons-nous expérimenter ? Notre conscience, notre Soi, sans l'activité incessante du mental. C'est le but de la méditation et les conséquences en sont incalculables.

## Comment méditer

La méditation profonde est une procédure mentale utilisant la nature du mental pour l'amener au repos de façon systématique. Si on lui en donne l'opportunité, il va se reposer sans effort. C'est ainsi qu'il fonctionne. L'effort n'a rien à voir avec le processus naturel de la méditation. Le mental cherche toujours à s'exprimer en suivant le chemin du moindre effort. La plupart du temps en créant plus de pensées. Mais, il est possible de créer une situation pour le mental où le chemin de moindre résistance conduira à toujours moins de pensées et très vite à aucune pensée. Pour cela, on utilise une pensée spécifique d'une façon particulière. Cette pensée s'appelle un *mantra*.

Pour notre pratique de la méditation profonde, nous utiliserons la pensée *I AM* (en français, prononcer AYAM). Elle sera notre mantra.

Nous utilisons *I AM* pour le son et non pour sa signification. En anglais, *I AM* (Je suis) a un sens évident, de même que dans la Bible il a un sens religieux. Nous n'utiliserons pas *I AM* pour sa signification, seulement pour le son. Nous pouvons aussi l'épeler *AYAM*, ce qui ne veut rien dire, n'est-ce pas ? Nous voulons seulement le son. Si l'anglais n'est pas votre langue maternelle, vous pouvez, si vous le souhaitez, épeler le son phonétiquement dans votre propre langue. Peu importe comment vous l'épelez du moment que quand vous le pensez c'est le même son. Le pouvoir du son… *I AM*… est grand, mais seulement si nous l'utilisons en suivant une procédure bien précise. Connaître cette procédure est la clé du succès dans la méditation. Elle est très simple. Tellement simple que nous consacrerons de nombreuses pages à la meilleure façon de la garder simple, notre tendance à tous étant de rendre les choses plus compliquées. Garder la simplicité est la clé d'une méditation correcte.

Pour pratiquer la méditation profonde, nous procédons comme suit: assis confortablement, les yeux fermés, nous restons simplement détendus, prenant conscience des pensées, des courants de pensée. C'est bien. Nous les laissons aller sans nous en préoccuper. Après environ une minute, nous introduisons doucement le mantra… I AM …

Nous pensons le mantra en le répétant intérieurement sans effort. La rapidité de la répétition peut varier, nous ne nous en soucions pas. Nous n'entonnons pas le mantra d'une voix forte. Nous ne le localisons pas de façon délibérée à tel ou tel endroit du corps. Chaque fois que nous constatons que nous avons cessé de penser le mantra intérieurement nous y revenons sans effort. Dans la même séance, cela peut arriver bien des fois ou seulement une fois ou deux. Peu importe, pendant toute la durée fixée pour notre séance de méditation, nous suivons la procédure de revenir sans effort au mantra chaque fois que nous prenons conscience de l'avoir perdu. C'est comme ça, c'est très simple.

La plupart du temps, quand nous perdons le mantra, c'est pour nous retrouver dans un flot de pensées. C'est normal. Rappelez-vous le mental est une machine à penser. Sa fonction est de produire de la pensée. Mais quand nous méditons, dès que nous réalisons être partis dans un flot de pensées, peu importe qu'elles soient frivoles ou profondes, nous revenons sans effort au mantra. Le principe n'est pas d'être avec le mantra tout le temps. Tel n'est pas l'objectif. L'objectif est de revenir sans effort au mantra chaque fois que nous prenons conscience de l'avoir perdu. Nous favorisons simplement le mantra avec notre attention quand nous constatons que nous n'y pensons plus. Si, cinq secondes plus tard, nous sommes de nouveau dans un flot d'autres pensées nous n'essayons pas d'obliger les pensées à s'arrêter. Les pensées sont une partie normale du processus de la méditation profonde. A nouveau, nous revenons sans effort au mantra. Nous le favorisons. La méditation profonde consiste à *aller de l'avant* et non *à lutter contre ses pensées*. Chaque fois que nous constatons avoir perdu le mantra nous le favorisons à nouveau sans effort. Il s'agit d'une gentille persuasion et non d'un combat. N'en faisons pas un drame. Pour cette pratique, nul besoin d'une volonté de fer ou d'héroïsme mental. De tels efforts seraient très loin de la méditation profonde et diminueraient son efficacité.

En pratiquant ce processus simple de la méditation profonde, à un moment donné nous remarquerons un changement dans la nature de notre expérience intérieure. Le mantra peut devenir très raffiné et subtil. C'est normal. S'il devient plus facile de penser le mantra d'une façon très raffinée et subtile, c'est tout à fait correct. Cela doit toujours rester facile, n'être jamais un effort. À d'autres moments, pendant quelques instants, nous pouvons ne plus savoir où nous sommes, sans mantra, sans courant de pensée. C'est correct également. Quand nous réalisons être partis quelque part, nous revenons sans effort au mantra. Si nous en étions à ce niveau où le mantra devient à peine perceptible, nous pouvons tout simplement y revenir pour autant que cela reste facile. À mesure que notre mantra se raffine, notre attention l'intériorise dans le mental à des niveaux toujours plus profonds de silence intérieur. Il est donc normal que le mantra devienne très faible et vague. C'est une chose que nous ne pouvons pas forcer. Elle arrive naturellement à mesure que notre système nerveux passe à travers tous les cycles de la *purification intérieure* stimulée par la méditation profonde. Quand le mantra se raffine, nous le suivons, tout simplement. Quand ce n'est pas le cas, nous restons avec le mantra à quelque niveau qu'il se trouve, pour autant que cela reste facile. Aucun effort. Il n'y a aucun but à atteindre, sinon de continuer la procédure simple que nous décrivons ici.

## Quand et où méditer

Pendant combien de temps méditer et avec quelle fréquence ? Pour la plupart des personnes, vingt minutes représentent la durée optimale d'une séance de méditation. Elle se pratique deux fois par jour, une première fois avant le petit-déjeuner et ensuite une nouvelle fois avant le repas du soir et les activités de la soirée.

Essayez d'éviter de méditer tout de suite après les repas ou juste avant d'aller vous coucher. Le moment idéal se situe avant les repas et avant l'activité. C'est à ce moment que la méditation sera la plus efficace et la plus revigorante. La méditation profonde est une préparation à l'activité et nos résultats sur le long terme seront meilleurs si nous sommes actifs entre nos séances de méditation. De plus, la méditation ne remplace pas le sommeil. La situation idéale est un bon équilibre entre la méditation, l'activité quotidienne et un sommeil normal pendant la nuit. De cette façon, notre expérience intérieure croîtra naturellement avec le temps et notre vie extérieure se trouvera enrichie par notre silence intérieur grandissant.

Un mot sur la façon de s'asseoir pour méditer. La toute première priorité est d'être confortable. Il n'est pas souhaitable de nous asseoir d'une façon qui puisse nous distraire de la procédure facile de la méditation. S'asseoir sur une chaise confortable avec un support pour le dos est une bonne façon de méditer. Plus tard, ou si vous en avez déjà l'habitude, vous aurez peut-être avantage à vous asseoir jambes croisées, toujours avec un support pour le dos. Toujours confortablement, avec pour priorité le moins de distractions possible. Si, pour une raison ou une autre, il ne nous est pas possible de nous asseoir jambes croisées, nous pourrons tout à fait méditer assis confortablement sur notre chaise. Rien ne sera perdu des bénéfices de la méditation.

En raison de nos obligations, la routine idéale des séances de méditation ne sera pas toujours possible. Pas de problème. Faites de votre mieux sans vous stresser à ce sujet. En raison de circonstances qui ne dépendent pas de nous, parfois le seul moment que nous aurons pour méditer sera juste après le repas ou même plus tard dans la soirée près du coucher. Si le fait de méditer à ces moments-là provoque de légers troubles dans notre système, nous le saurons bien assez tôt pour faire les ajustements nécessaires. L'important est de faire de notre mieux pour méditer deux fois par jour même s'il s'agit seulement d'une courte séance entre nos obligations. Plus tard, nous examinerons les ajustements possibles pour nous adapter aux diverses circonstances extérieures, de même qu'aux expériences intérieures qui peuvent surgir.

Avant d'aller plus loin, essayons une méditation. Trouvez une place confortable pour vous asseoir ou vous ne serez vraisemblablement pas dérangé et faites une courte méditation, disons pendant dix minutes et voyez ce qui se passe. Il s'agit de tâter le terrain. Assurez-vous de prendre quelques minutes de repos à la fin, assis confortablement sans faire aucune méditation. Ensuite, ouvrez lentement les yeux et reprenez votre lecture.

Comme vous le verrez, la procédure simple de la méditation profonde et les expériences qui en découlent soulèveront quelques questions.

Nous allons, maintenant, aborder les aspects pratiques de la méditation profonde, vos propres expériences et les symptômes initiaux de l'émergence de votre propre silence intérieur.

## Questions sur votre première méditation

Une première méditation est tout à fait spéciale. Peu importe l'expérience, notre première méditation profonde en utilisant le mantra I AM marque le début de nouvelles ouvertures pour notre potentiel latent. Si nous continuons avec notre pratique journalière de la méditation à travers les mois et les années, ces ouvertures augmenteront encore et encore jusqu'à ce que notre expérience de la vie soit transformée en paix, créativité et joie permanente.

Au commencement, tout est nouveau et de nombreuses questions peuvent se poser sur le processus de la méditation et sur ce que nous pouvons en attendre. Voici quelques questions, souvent posées après une première méditation:

*Aurait-il dû se passer quelque chose ? Il ne s'est pas passé grand-chose.*

Non, rien de spécial n'est supposé arriver. Rien, sinon suivre la procédure facile de la méditation. Penser facilement le mantra et le reprendre sans effort quand nous réalisons être partis dans un flot de pensées.

À l'expérience, notre méditation peut n'être que cela : le mantra, les pensées, le retour au mantra, de nouveau les pensées et ainsi de suite, encore et encore. Ce qui n'est pas toujours évident c'est que chaque fois que nous « perdons » le mantra, nous passons par un changement naturel de notre attention. Pendant ce changement, il y a un espace, un fossé entre le moment où nous pensons le mantra et le moment où nous nous retrouvons dans un flot de pensées : dans cet espace nous avons effleuré notre silence intérieur, notre pure conscience, notre soi intérieur. Nous pouvons avoir l'impression de n'avoir rien touché du tout. Pourtant, le flot de pensées que nous expérimentons après est un signe clair qu'avec le mantra nous sommes entrés en contact avec notre silence intérieur pour en ressortir du fait de l'habitude du mental de générer des pensées. Ce cycle consistant à penser le mantra, à le perdre et à repartir dans un courant de pensée est un processus de purification du mental et du système nerveux. Ce processus est très puissant et permet en définitive, l'expérience permanente du silence intérieur dans notre méditation et encore plus important dans notre activité journalière.

C'est le processus de la méditation deux fois par jour qui produira des résultats et nos expériences pendant et en dehors de la méditation varieront avec le temps. C'est la pratique qui va nous ouvrir de l'intérieur et non les expériences que nous pourrions avoir tout au long de la route. Pour cette raison, nous parlons *quelquefois de nos expériences dans la



* quelquefois : = un certain nombre de fois. Parfois

méditation comme d'un *paysage*. Même des expériences sans grand intérêt, où il ne se passe pas grand-chose, sont des paysages du mental. Quand nous conduisons une voiture, nous nous dirigeons vers un but, peu importe le paysage qui défile le long de la route. Le paysage va changer au cours du voyage et peu à peu avec le temps qui passe nous nous approcherons de notre destination. Si nous sommes concentrés sur notre conduite ou si nous parlons à la personne qui fait le voyage avec nous, nous ne prêterons pas attention au paysage, mais cela ne nous empêchera pas d'avancer vers notre destination. Les méditations où apparemment il ne se passe rien sont du même genre. Si nous nous engageons dans la pratique, nous avancerons rapidement que nous ayons ou non des expériences notables.

Si vous avez l'impression qu'avec votre première méditation il ne s'est pas passé grand-chose, gardez courage ! En suivant la procédure, de bonnes choses se produisent. La meilleure indication des progrès dans la méditation est la façon dont nous nous sentons quand nous avons terminé et que nous nous engageons dans notre activité journalière. Si rien ne s'est passé pendant votre première méditation, observez comment vous vous sentez dans les heures qui suivent. Constatez-vous une détente, une sorte de calme intérieur qui vous accompagnent dans vos activités de la journée ? C'est le test véritable de la méditation.

*Je me sentais uni au cosmos béatifique. L'étais-je vraiment?*

Il est intéressant de souligner que nous sommes toujours en union avec le cosmos béatifique. Nous sommes tous l'expression de *Cela*. La seule raison pour laquelle nous ne le vivons pas à chaque moment est que les impuretés de notre système nerveux bloquent notre perception de la vraie nature de la vie. Ces impuretés sont graduellement dissoutes par la méditation profonde et nous commençons alors à voir la vérité de ce que nous sommes. Dans notre toute première méditation, nous pouvons avoir une claire expérience de notre nature de félicité sans limites. C'est ce que nous sommes !

Que devons-nous faire quand nous avons une telle expérience dans notre méditation ? La réponse est très simple : quand nous réalisons avoir oublié le mantra pour partir dans une telle expérience, aussi cosmique ou glorieuse qu'elle puisse être, nous revenons sans effort au mantra.

Gardez à l'esprit que nous nous engageons dans un processus de purification qui prendra, vraisemblablement bien des années de pratique journalière de la méditation. Notre système nerveux est l'entrepôt d'éons d'impuretés et d'obstructions créés par nos actions passées. Notre système nerveux est la fenêtre à travers laquelle nous pouvons voir notre véritable nature et la vraie nature de toutes choses. A mesure que nous nettoyons notre fenêtre, morceau par morceau, grâce à la méditation profonde la vue devient graduellement plus claire.

Pensez à une journée partiellement ensoleillée avec de nombreux gros nuages se déplaçant lentement à travers le ciel. Parfois, le soleil nous sera caché par les nuages, parfois, passant entre les nuages il nous illuminera de tout son éclat. Avec la méditation profonde, nous dissipons nos nuages intérieurs. Peu à peu, de moins en moins de nuages bloqueront notre lumière intérieure. Avec le temps, nous réussirons à dissoudre tous les nuages et nous baignerons dans notre lumière intérieure, jour et nuit. Tel est le but de la méditation profonde et la raison pour laquelle nous revenons sans cesse au mantra, sans effort, chaque fois que nous le perdons. Nous pouvons nous réjouir de notre béatitude cosmique quand elle vient, de même que nous pouvons nous réjouir du paysage à travers lequel nous passons pendant notre voyage en voiture. Mais nous ne devons jamais oublier que le voyage de la méditation ne peut continuer qu'en revenant au mantra.

*Je sens une certaine agitation, de l'irritabilité. Pourquoi ?*

De nombreuses obstructions sont logées dans notre système nerveux. La méditation les dénoue et graduellement les libère, généralement sans problèmes. Mais quelquefois, des nœuds peuvent se défaire brutalement et provoquer de l'agitation ou de l'irritabilité. En continuant la procédure simple de la méditation, le dégagement et l'inconfort passeront.

Pour la même raison, il peut également arriver que nous sentions un brusque afflux d'énergie agréable, une libération d'obstructions dans notre système nerveux. Dans un cas comme dans l'autre, nous continuons la procédure de la méditation, revenant sans effort au mantra quand nous prenons conscience de l'avoir perdu.

Si nos expériences dans la méditation deviennent trop fortes, rendant difficile de continuer confortablement, il y a des mesures que nous pouvons prendre pour réguler le flot de l'énergie interne. Nous en discuterons dans le chapitre suivant.

**Les possibilités**

Une pratique journalière stable sur le long terme est la clé du succès dans la méditation profonde. Nous ne méditons pas pour rechercher des expériences. Nous méditons pour un changement positif permanent dans la qualité de notre vie et c'est bien ce que nous trouverons à mesure que s'écouleront les semaines, les mois, les années de pratique journalière de la méditation.

Les résultats peuvent être subtils. Les autres peuvent remarquer avant nous que nous avons changé. Il est courant qu'un membre de la famille ou un ami remarque : « Que se passe-t-il ? Depuis quelque temps, vous êtes beaucoup moins nerveux. Cela fait des semaines que vous n'êtes pas sorti de vos gonds ».

C'est un symptôme du silence qui s'approche de nous à pas de loup. Nous commençons à voir le monde depuis un centre plus profond en nous, un centre qui n'est pas troublé par les hauts et les bas de la vie. Nous devenons plus *centrés*. Même si la vie continue en nous et autour de nous plus ou moins comme avant, nous sommes devenus en quelque sorte différents. Le stress et les tensions de la vie commencent à perdre de leur emprise. En plus de bénéfices évidents sur la santé mentale et physique, l'éveil du silence intérieur est réellement libérateur et nous permet de nous exprimer nous-mêmes d'une façon qui n'aurait pas été possible avant.

Un des bénéfices du silence intérieur naissant est l'augmentation de la créativité. De grands génies à travers l'histoire ont reçu leur inspiration dans des états de relaxation mentale. Leurs révélations sont venues de « nulle part ». La méditation profonde dans notre vie journalière nous conduit naturellement à un mental plus détendu en permanence et au niveau de créativité plus élevée résultant de cet état. Nous pouvons donc dire que la méditation nous aide à devenir plus intelligents, tout simplement en nous donnant davantage accès au génie latent qui dort en chacun d'entre nous.

La force intérieure est une autre des caractéristiques qui viennent avec la montée du silence intérieur. A partir du moment où nous sommes moins ballottés par les hauts et les bas de la vie, nous devenons capables de tenir bon face à l'adversité quand c'est nécessaire. De plus, nous devenons plus forts dans nos convictions morales et prenons davantage d'intérêt à connaître ce qui est juste et vrai. Avec la méditation profonde, nous devenons moralement plus forts et en même temps plus souples face aux nombreux aspects sombres de la vie que nous rencontrons chaque jour.

Une des toutes premières caractéristiques de cette moralité naturelle qui naît en nous et fait partie de la montée de notre silence intérieur est l'*amour*. En même temps que nous devenons plus résistants, créatifs et forts, nous devenons aussi plus attentionnés et pleins de compassion. Ayant plus à donner, nous donnons davantage.

Toutes ces qualités s'élèvent naturellement en s'engageant dans la méditation profonde journalière qui purifie notre système nerveux afin que notre nature divine latente puisse commencer à se déployer à travers nous.

En plus des nombreux bénéfices pratiques que la méditation profonde peut apporter dans notre vie quotidienne, nous découvrirons que nous nous ouvrons à des perspectives allant beaucoup plus loin que tout ce que nous aurions pu imaginer. Ce qui nous amène à envisager la possibilité de l'*illumination*. Si nous prenons les bénéfices mentionnés jusqu'ici et les portons à leur niveau d'expression le plus élevé, nous arrivons à quelque chose de tout à fait remarquable. Ce quelque chose n'est rien d'autre que l'état de transformation spirituelle humaine décrit par les saints et les sages à travers l'histoire, commençant il y a des milliers d'années avec les tout premiers écrits spirituels.

Quelle définition donner de l'illumination ? Dans sa forme la plus élémentaire, c'est le silence intérieur en permanence. C'est expérimenter directement et automatiquement qui nous sommes, ce que nous sommes à chaque moment, éveillés, dans le sommeil avec rêves et dans le sommeil profond sans rêves. Toujours conscients, toujours éveillés à l'intérieur. Telle est la possibilité que nous ouvre la méditation profonde.

A partir de cette forme basique de l'illumination, nous trouvons des possibilités additionnelles à mesure que notre silence intérieur inébranlable se manifeste plus loin en nous et hors de nous dans notre environnement. De cette façon, nous pouvons apporter beaucoup de bien dans le monde, tout simplement en vivant notre vie de tous les jours dans un état de liberté personnelle perpétuelle.

# Chapitre 3 – Les étapes du progrès

Maintenant que nous avons décrit les principes essentiels de la pratique de la méditation profonde, allons plus loin en examinant les mécanismes qui sont à l'œuvre en nous. Il est utile de comprendre les mécanismes de notre pratique en relation avec tout ce qui se passe dans notre système nerveux. Avec une bonne compréhension des symptômes de purification et également des expériences les plus fascinantes qui peuvent se produire, nous serons dans la meilleure des dispositions pour maintenir notre pratique sur le long terme. Peu importe notre expérience d'aujourd'hui, de demain ou du jour suivant, c'est bien la pratique de la méditation profonde tous les jours, sur le long terme, qui déterminera les résultats bien plus que tout autre facteur.

Les nombreuses expériences que nous avons le long du chemin, combinées avec les moyens utilisés pour naviguer à travers notre pratique journalière de la méditation, détermineront les étapes de notre progression par lesquelles nous passerons en cultivant en nous le silence intérieur permanent et la liberté qu'il apporte dans tous les aspects de notre vie.

## En parcourant le chemin de la purification intérieure

Nous avons déjà parlé de trois possibilités pouvant être expérimentées dans notre première méditation: « Il ne se passe pas grand-chose », « Béatitude cosmique! » et « Agitation ». Ce sont dans tous les cas des symptômes de purification se produisant profondément dans notre système nerveux. Nous savons déjà que dans tous ces cas nous revenons sans effort au mantra quand nous réalisons l'avoir perdu. Pas de tension. Pas d'excitation inutile. C'est une procédure toute simple.

Pourtant, nous avons une capacité stupéfiante à être fascinés ou absorbés par les songeries du mental, les désirs de notre cœur, les sensations de notre corps et les stimuli sensoriels de notre environnement. Bien sûr, de telles expériences nous permettent d'aller de l'avant à travers la vie et sont tout à fait normales. Cependant, dans la méditation profonde nous faisons quelque chose de tout à fait différent et c'est bien là la différence cruciale entre la méditation profonde et la plupart des autres choses que nous faisons dans notre vie.

Dans la vie de tous les jours, nous agissons sur les activités du mental, du cœur et du corps. Dans la méditation profonde, nous développons l'habitude de toujours lâcher prise en faveur du mantra. Ce processus qui consiste à lâcher prise encore et encore de tout ce qui vient pendant la méditation en faveur du mantra provoque en nous une transformation étonnante. Cette transformation est un processus de *purification et d'ouverture.* En travaillant avec ce principe unique, nous en venons à très bien connaître ce processus de la méditation profonde. Dans la méditation profonde, nous utilisons une relation à nos pensées, sentiments et sensations complètement différente de celle utilisée dans notre activité journalière. Cela peut bien être le même genre de pensées, sentiments et sensations et pourtant nous les abordons d'une façon complètement différente pendant la méditation profonde.

Pris dans leur ensemble, ces pensées, sentiments et sensations ressenties dans la méditation profonde sont appelés des *symptômes de purification.* Alors que la plupart de ces symptômes peuvent être gérés avec la routine de revenir sans effort au mantra, certaines de nos expériences dans la méditation profonde ont besoin d'instructions complémentaires pour nous permettre d'y faire face. Nous pouvons également expérimenter des symptômes de purification alors même que nous sommes pris par notre activité journalière, symptômes qui peuvent également nécessiter des instructions additionnelles.

Nous allons examiner de façon plus approfondie et avec des instructions sur la manière d'y faire face les symptômes de purification et les situations que l'on peut rencontrer pendant ou après notre méditation.

*Des pensées persistantes - des difficultés à reprendre le mantra*

On a déjà mentionné que les pensées sont un produit naturel de la méditation profonde, un symptôme de purification dans notre système nerveux. Même si nous avons l'impression d'un processus ordinaire de la pensée, ce n'est pas le cas aussi longtemps que nous respectons la procédure de méditation.

Si nous nous asseyons pour méditer et qu'après environ une minute nous prenons une première fois le mantra pour partir ensuite dans un courant sans fin de pensées pour le reste de la méditation, c'est quand même une bonne méditation. Si nous remarquions que nous n'avons plus le mantra nous le reprendrions sans effort, n'est-ce pas ? Mais si tout au long de ce flux de pensées persistantes nous ne nous en apercevons pas et que cela continue ainsi jusqu'à la fin de la méditation, c'est correct. Une bonne purification est en cours. Quand le temps est terminé, nous nous reposons quelques minutes avant de nous relever et de reprendre notre activité. Le résultat se manifestera par davantage de clarté après notre méditation.

Si nous nous trouvons dans un flot de pensées et réalisons avoir perdu le mantra, notre procédure est de revenir sans effort au mantra. Il arrive que les pensées soient si persistantes et si fortes, qu'il est difficile de retrouver le mantra. Ou bien si nous y arrivons, le mantra est tout de suite noyé dans un courant puissant de pensées. Il s'agit de davantage de purifications ! Il est important de ne pas lutter contre. Si nous forçons, nous risquons de nous retrouver avec un mal de tête. Il ne faut pas non plus tenter d'analyser le contenu du courant de pensée.

Si le mantra ne vient pas facilement, si quand nous le prenons il est noyé par un puissant courant de pensée, nous restons calmes. S'il semble difficile ou dur de reprendre le mantra, nous ne le reprenons pas, tout simplement. A la place, nous restons détendus et pendant un certain temps nous laissons passer le courant puissant des pensées en nous contentant de l'observer sans nous impliquer dans son contenu, sans le juger en aucune façon. En pratiquant cette observation bienveillante d'un puissant courant de pensée, nous constaterons qu'il se dissipera en quelques minutes. A ce moment-là, nous pouvons reprendre à nouveau le mantra sans effort et continuer. Tout cela fait partie du processus de la méditation. De cette façon, nous pouvons naviguer à travers une telle libération, un processus de purification se manifestant par un flot intense de pensées.

Il y aura des moments où ce symptôme de purification persistera à travers toute une méditation et parfois même à travers plusieurs séances. Il est rare que cela se produise, mais cela peut arriver. Si tel est le cas, nous continuons à suivre la procédure de la méditation, ajoutant si nécessaire les mesures décrites ci-dessus. Tôt ou tard, les obstructions à l'origine de toutes ces pensées se dissoudront et nous aurons davantage de clarté dans notre méditation. Même si, en raison de cette purification les pensées sont sans fin pendant toute notre méditation, nous devrions remarquer plus de clarté dans notre activité quotidienne. A la fin de votre méditation profonde, assurez-vous, avant d'ouvrir les yeux et de vous lever, de toujours prendre quelques minutes de repos sans plus vous soucier du mantra. Cela permettra aux résidus de la purification produits par la méditation de se dissoudre afin de pouvoir poursuivre notre activité journalière sans encombre.

*Pensées et mantra en même temps*

Il est fréquent que dans la méditation toutes sortes de choses se passent en même temps. Par exemple, nous pouvons avoir des courants de pensées qui viennent en même temps que nous pensons sans effort le mantra. Que faire dans cette situation ?

Toujours la même procédure. Nous favorisons simplement le mantra. Si d'autres pensées sont là, pas de problème. Nous n'essayons pas de nous en débarrasser. Nous n'essayons pas non plus de les suivre, quelques profondes qu'elles puissent nous paraître. Graduellement, elles se dissiperont à mesure que les obstructions sous-jacentes dans notre système nerveux se dégageront. Aussi longtemps que nous suivrons la procédure de retourner au mantra chaque fois que nous réalisons l'avoir perdu, le processus de purification intérieure continuera.

Dans certaines cultures, les mantras sont utilisés de façon permanente dans l'activité journalière, à l'arrière-plan du mental, sans interruption quoi que fassent les personnes. La méditation profonde est différente. C'est une pratique spécifique que nous faisons en nous asseyant deux fois par jour, en laissant de côté tout le reste. Ensuite, nous reprenons notre activité sans plus nous préoccuper de méditation et de mantra. Nous faisons ce que nous avons à faire, quelle que soit notre vie au quotidien. Ce point est mentionné, car quelquefois quand des pratiquants avec « une habitude du mantra » apprennent la méditation profonde, ils pensent que de s'engager dans des processus réguliers de pensées avec le mantra à l'arrière-plan serait la même chose que la méditation profonde. Ce n'est pas le cas. Il n'y a méditation profonde que si nous favorisons sans effort le mantra par rapport aux autres processus de la pensée chaque fois que nous réalisons que nous ne sommes plus avec le mantra. Penser à notre liste de courses délibérément tout en répétant le mantra à l'arrière-plan n'est pas la méditation profonde. Si nous avons notre liste de courses à l'esprit et que nous revenons sans effort au mantra chaque fois que nous pensons à nos courses, nous sommes bien dans la méditation profonde. C'est une distinction subtile très importante.

Ce n'est pas un problème d'avoir à la fois des pensées et le mantra. Favorisez sans effort le mantra, peu importe ce qui se passe ! Ne le forcez pas ! Nous revenons simplement au mantra chaque fois que nous nous rappelons l'avoir perdu. Avec le temps, cette procédure simple devient une habitude de manière que chaque fois que nous nous asseyons pour méditer nous entrons profondément dans le silence que des pensées soient ou non présentes. C'est en cultivant ainsi le silence intérieur que nous aurons une grande liberté dans notre vie.

*Ni mantra, ni pensées*

Parfois en méditant nous réalisons que nous étions quelque part, il n'y avait pas de pensée, il n'y avait pas de mantra et pourtant nous n'étions pas inconscients. Impossible d'analyser cet état quand il se produit puisqu'il n'y a aucune pensée. Dès que nous reconnaissons être là, nous n'y sommes déjà plus. Cette expérience sans mantra ni pensée peut nous laisser une sensation de bien-être, de légèreté ou d'euphorie. C'est le silence intérieur, la pure conscience de félicité. Quand cela arrive, les toutes premières fois nous pouvons être tentés d'arrêter pour nous en réjouir ou pour analyser ce qui s'est produit.

Très bien ! Mais pratiquer ainsi distrait notre attention. Alors, que faire ? Vous le savez très bien ! Quand nous réalisons être en train de nous réjouir ou d'analyser, nous revenons sans effort au mantra. Si nous sommes encore intériorisés, le mantra sera facile à reprendre d'une façon très raffinée et vague. Dans la méditation profonde, une prononciation claire n'est pas obligatoire. Plus nous nous intérioriserons, plus le mantra deviendra vague et en même temps nous pourrons sentir à l'intérieur une expansion, une sorte d'état sans mantra ni pensée comme mentionné plus haut. Ou bien, nous pouvons nous retrouver dans un tas de pensées. C'est un processus normal dans la méditation, davantage de purification est en cours. Nous n'essayons jamais de régenter nos expériences. La méditation profonde ne cherche pas à contrôler les expériences, elle cherche à suivre la procédure simple de la pratique, peu importe les expériences susceptibles de se produire.

Nous pouvons sentir une pointe de regrets à être de nouveau de retour dans les pensées. Il est normal de soupirer après ce type d'expérience « sans mantra, ni pensée ». Nous aimerions tous passer tout le temps de notre méditation immergés dans les profondeurs de notre être de béatitude silencieuse. Nous aurons certainement bien des aperçus de cet état tout au long du chemin et il augmentera peu à peu à travers les mois et les années de pratique journalière jusqu'à devenir une expérience permanente. A la fin, notre vie toute entière sera remplie de ce silence intérieur que nous goûtons quand nous sommes dans la méditation profonde. C'est bien la raison pour laquelle nous méditons, pour améliorer la qualité de notre vie quotidienne sur le long terme.

Si nous nous attachons aux expériences de pointe qui surviendront forcément dans la méditation profonde et les prenons pour but quand nous nous asseyons pour méditer, cela n'aidera pas à notre progression. Il n'est pas raisonnable de s'attendre à des expériences profondes à chaque méditation. Il y a beaucoup trop de nettoyages à faire. Ne vous y trompez pas ! Quand nous méditons, nous faisons un nettoyage en profondeur de notre système nerveux, nettoyage qui va demander du temps et la poussière s'envolera sous forme de pensées, sentiments et sensations. C'est dans les intervalles entre ces dégagements de poussière que nous aurons des aperçus de notre nature intérieure. Si dans la méditation, nous avons en vue un type particulier d'expériences, nous serons forcément déçus. La méthode correcte est de lâcher prise et de suivre simplement la procédure facile sans s'occuper de ce qui peut arriver. En procédant ainsi, quelles que soient les expériences que nous pouvons avoir dans la méditation, nous en trouverons les meilleurs résultats dans notre activité quotidienne. C'est la manière dont nous nous sentons *après la méditation* qui est le meilleur critère du succès de notre pratique et non les hauts et les bas de nos expériences dans la méditation qui ne sont que le nettoyage de la maison. La méditation profonde n'est pas une fin en soi. Elle est la préparation à une vie de liberté.

*La respiration ralentit*

Pendant la méditation profonde, quand le mental s'apaise, le corps suit naturellement. Cela peut se mesurer directement dans nombre de nos fonctions biologiques. Une d'elles est la respiration qui est directement reliée à notre métabolisme. Si le mental ralentit, la consommation d'énergie de notre corps ralentit, le métabolisme de nos cellules ralentit et la respiration ralentit.

En fait, parfois, la respiration peut pratiquement s'arrêter pendant la méditation profonde. Il n'y a pas lieu de s'en inquiéter. Cela signifie que notre corps atteint, pendant la méditation, des niveaux profonds de calme qui sont le catalyseur d'une purification profonde de notre système nerveux. La respiration ralentissant dans la méditation profonde est le signe avant-coureur de la purification du système nerveux, une manifestation naturelle de la présence du silence intérieur.

Que la respiration ralentisse automatiquement quand le mental s'apaise est très révélateur. C'est une preuve directe de la connexion intime entre le mental et le corps. Nous n'avons pas besoin d'une expérience de laboratoire pour le vérifier. Tout ce que nous avons à faire est de nous asseoir et de méditer et nous le verrons bien par nous-même suffisamment tôt.

Quand nous méditons, nous ne faisons pas un effort pour ralentir la respiration. De même, nous ne synchronisons pas délibérément le mantra avec la respiration. Si cela arrive, c'est correct, mais nous ne le favorisons pas. Dans la méditation profonde, nous laissons simplement la respiration faire ce qu'elle veut. C'est de cette manière que nous obtiendrons les meilleurs résultats. La méditation profonde consiste simplement à favoriser le mantra, sans nous occuper de ce qui peut venir à notre attention, respiration, pensées, sentiments, sensations physiques et ainsi de suite. Dans notre pratique de la méditation profonde, en faire moins sera en faire plus et en faire plus reviendrait à en faire moins. Alors que d'autres systèmes de pratique peuvent utiliser la respiration comme un objet d'attention, nous ne le faisons pas dans la méditation profonde.

En suivant la procédure de la méditation profonde, la purification se fera automatiquement dans notre système nerveux. Quelquefois, le mental deviendra très tranquille et généralement la respiration suivra. D'autres fois, nous serons pleins de pensées et de sensations et la respiration sera normale. Il peut même arriver qu'elle s'accélère pour de courtes périodes si le corps passe par une forte purification. Toutefois, l'expérience la plus usuelle est le ralentissement de la respiration. C'est normal et fait partie des effets positifs de la méditation profonde.

*Sensations physiques pénibles, douleurs ou agitations*

Nous avons déjà parlé d'«agitation » en discutant de l'éventail des expériences susceptibles de survenir dans notre première méditation. Nous réagissons tous de façon différente à la méditation profonde en fonction de la matrice d'obstructions logée profondément dans notre système nerveux. De plus, avec le temps, les expériences varient. Aujourd'hui, pendant la méditation nous pénétrons profondément dans le silence. Demain, quantité de pensées viendront, le jour suivant, ce sera peut-être de l'agitation et ainsi de suite.

La montée persistante du silence intérieur au milieu de nos activités quotidiennes restera une constante à mesure que nous continuerons notre pratique, peu importe les hauts et les bas de la purification intérieure, ressentis pendant nos séances de méditation. Avoir cette compréhension nous permet de continuer notre pratique journalière à travers les pics, les vallées et les plateaux que nous rencontrerons sur la route de la liberté personnelle. Peu de chemins vont en ligne droite, celui de la méditation profonde n'est pas une exception.

Le long du chemin, nombre d'entre nous rencontreront le genre d'irritabilité modérée discutée dans le dernier chapitre. Quand cela arrive, nous le prenons comme n'importe quelle pensée ou sensation et favorisons sans effort le mantra.

Un petit nombre peut expérimenter de temps à autre des sensations pénibles plus intenses sous forme d'une agitation excessive ou même d'une douleur quelque part dans le corps. Si une telle sensation s'élève et que nous sommes incapables de revenir au mantra, nous la laissons suivre son cours, mettant notre attention sur la gêne ressentie. Notre attention ira naturellement sur la zone douloureuse. Nous la laissons à cet endroit sans juger et sans nous focaliser sur la sensation. Nous laissons l'attention être là naturellement. Si la douleur est due à la purification intérieure, elle se dénouera le plus souvent en quelques minutes. Une fois qu'elle sera partie, nous serons capables de reprendre sans effort le mantra et de continuer notre méditation. Le temps passé avec notre attention sur la zone douloureuse fait partie du temps total de la méditation. Si notre temps usuel de méditation est de vingt minutes et si nous en passons dix avec notre attention sur une zone d'inconfort spécifique, c'est correct, la purification continuera.

Si nous avons une blessure physique ou une maladie susceptible de nous gêner dans la méditation, la première priorité est de trouver un siège confortable. Si s'asseoir bien droit sur une chaise n'est pas confortable, nous pouvons nous asseoir sur le lit en nous appuyant sur une pile de coussins. Si ce n'est pas encore suffisamment confortable, nous pouvons nous étendre. Cependant, être couché n'est pas la meilleure position pour méditer si nous pouvons rester assis sans ressentir de gêne. Etre couché pour méditer vaut mieux que d'être très inconfortable en étant assis ou que de ne pas méditer du tout. Etre couché pendant la méditation augmente les chances de s'endormir pendant la séance. Nous aimerions que le mental soit suffisamment alerte pour la méditation, nous permettant de conduire la procédure simple qui nous apporte tant de bénéfices. Etre assis confortablement reste donc la position préférée.

Nous devons minimiser autant que possible la gêne physique que nous pourrions provoquer nous-mêmes pendant la méditation en essayant de nous asseoir dans une position ou une posture dont nous n'aurions pas l'habitude.

L'image mythologique du méditant dans une posture contorsionnée sur un grand rocher sans aucun support pour le dos n'est que cela, une figure mythologique. Ce n'est pas une posture pour le méditant de tous les jours comme vous et moi. Soyons confortables ! Nous n'avons pas besoin de ressembler au Sphinx dans notre assise. Si nous avons une démangeaison, nous pouvons nous gratter. Si votre corps a besoin de s'étirer pendant la méditation, il peut le faire et comme toujours nous revenons simplement et sans effort au mantra.

*Des émotions fortes*

De même que la purification peut se manifester par des pensées ou des sensations physiques, elle peut aussi se manifester par des émotions. Nous sommes assis là, dans la méditation profonde avec un courant de pensée qui s'élève. Au moment de reprendre le mantra, nous pouvons nous sentir très émotionnels à cause d'une pensée ou peut-être sans aucune raison particulière, simplement un sentiment puissant venu de nulle part. Ou, nous pouvons nous sentir très excités à propos de quelque chose découvert dans la méditation pour réaliser plus tard qu'il s'agissait d'une chose aussi triviale que d'avoir marché dans de la boue. Ou bien, nous pouvons nous mettre très en colère à propos de quelque chose dans notre méditation pour découvrir une fois la méditation terminée, que la colère a disparu et que nous ne nous rappelons même plus pour quelle raison nous étions en colère au plus profond des détours de notre mental et de notre système nerveux.

Ces expériences émotionnelles qui peuvent venir dans la méditation sont des symptômes de purification. Quand elles viennent et que nous nous rappelons avoir perdu le mantra, nous le reprenons tout simplement. Si les émotions sont si fortes que nous avons du mal à le reprendre, nous suivons la procédure discutée précédemment en laissant l'attention suivre la sensation de l'émotion. Généralement, cela aidera à la défaire. Quand elle a lâché prise, nous pouvons revenir sans effort au mantra pour le temps restant de notre méditation. Ensuite, nous ressentirons plus de clarté dans notre activité, car quelque chose s'est dénoué profondément à l'intérieur.

Il y aura souvent une correspondance physique quelque part dans le corps avec les fortes émotions ressenties dans la méditation. Quand nous ne sommes pas capables de revenir facilement au mantra et que nous laissons notre attention se fixer sur une émotion forte, nous serons souvent attirés sur un emplacement physique du corps où la libération de l'obstruction intérieure est en train de se faire. Il y a donc une relation étroite entre les émotions fortes et la dynamique intérieure de notre corps physique et de notre système nerveux. Bien sûr, cela n'a rien de surprenant et c'est une évidence de plus de la connexion entre le mental et le corps.

Certains, appartenant à la mouvance de la psychologie, pourront être tentés d'analyser le contenu de toutes ces émotions qui montent au cours de la méditation profonde et peut-être même le contenu des courants de pensées qui émergent quand nous plongeons de façon répétée dans les profondeurs silencieuses de notre mental. Une telle analyse n'est pas recommandée, car elle met fin au processus de la méditation profonde. Si nous ne favorisons pas sans effort le mantra quand nous l'avons perdu, nous ne sommes plus engagés dans la méditation profonde.

Compte tenu des bénéfices procurés par la purification intérieure stimulée par le processus facile de la méditation, il est recommandé de suspendre toute analyse pendant nos séances de méditation. Si une analyse est nécessaire, il faut la faire une fois nos séances de méditation terminées. A ce moment-là, nous pourrons analyser tout notre soûl, sans interrompre le processus d'ouverture que nous stimulons en nous par la méditation. De plus, une fois la méditation terminée, nous verrons les choses dans une perspective beaucoup plus claire, car une méditation de plus nous aura rapprochés de la capacité à maintenir naturellement un silence intérieur plein de béatitude dans notre vie quotidienne. Ce silence intérieur nous permet de voir les choses telles qu'elles sont, augmentant ainsi profondément notre habileté à analyser. Le meilleur moyen d'augmenter nos capacités d'analyse est d'oublier complètement l'analyse pendant la méditation profonde.

*Mal de tête*

Si, dans notre méditation nous avons rapporté un mal de tête de notre activité quotidienne, la méditation nous apportera souvent un réconfort. La méditation profonde est un des meilleurs moyens à notre disposition pour soulager les causes proches et lointaines de nos symptômes de stress. Nombre de maux de tête relèvent de cette catégorie. Bien sûr, si le mal de tête relève d'un problème médical nous devrons aller voir un docteur. Mais très souvent le mal de tête dû au stress, de même que de nombreuses tensions et blocages intérieurs accumulés tout au long de notre vie, seront soulagés par la méditation profonde. Cette purification intérieure aura un impact direct et positif sur notre santé.

Il est aussi possible de nous donner un mal de tête dans la méditation profonde. C'est presque toujours dû à des tensions dans la méditation profonde, en essayant de forcer le mantra, de nous débarrasser de pensées ou de sentiments, en essayant de nous accrocher à telle ou telle expérience et ainsi de suite. Toutes ces tentatives pour contrôler le processus de la méditation causent des tensions dans le mental et le système nerveux. Le résultat pouvant être un mal de tête ou d'autres symptômes désagréables.

Même en respectant le processus de la méditation profonde, il est possible d'avoir mal à la tête si nous butons sur une zone de purification importante. Cela peut arriver. Dans ce cas, nous suivrons la méthode utilisée pour gérer les malaises dans la méditation. Toutefois les maux de tête liés à une purification provoquée par la méditation sont rares. Souvent, la cause sera d'avoir forcé quelque chose dans le processus de la méditation. Maintenir notre pratique simple est la clé.

*S'endormir pendant la méditation ou perdre conscience*

Parfois, nous nous asseyons pour méditer et nous nous perdons un moment, pour nous "réveiller" un peu plus tard, nous sentant groggy comme après un profond sommeil. Nous pouvons nous retrouver la tête affaissée sur la poitrine. Etions-nous endormis ?

Si nous paraissons endormis pendant la méditation, nous pouvons être sûrs qu'il s'agit d'un genre particulier de sommeil associé à la purification qui a lieu en nous profondément. Parfois, nous serons conscients à travers le soi-disant sommeil méditatif, sans mantra, sans pensées. A d'autres moments, nous serons tellement inconscients que nous pourrions décrire cette expérience comme une totale *perte de conscience*. Ce genre d'expérience, d'un état comparable au sommeil, avec ou sans conscience, peut se produire occasionnellement pendant une méditation ou bien pendant plusieurs séances à la suite. C'est le signe d'une purification profonde. Une fois passés par là, nous découvrirons que nous entrons dans la phase suivante de purification dans la méditation profonde.

Gardez à l'esprit que la méditation profonde nettoie notre système nerveux en profondeur. Il va, en quelque sorte, beaucoup plus profond que le plus profond sommeil que nous pourrions avoir pendant la nuit. Pourtant, la méditation ne remplace pas le sommeil. La meilleure routine est celle qui assure un bon équilibre entre nos séances de méditation, notre activité journalière et notre sommeil normal pendant la nuit. Si nous commençons à en faire trop ou pas assez dans l'un ou l'autre de ces composants, nous ressentirons vraisemblablement de la gêne ou un déséquilibre dans notre vie.

Si, pendant la méditation, nous passons par un état comparable au sommeil, il ne faut rien changer quant à la méthode à suivre. Quand nous réalisons l'avoir perdu, nous revenons sans effort au mantra. Que nous repartions ou non dans le sommeil, le temps passé dans cet état fait partie de notre temps usuel de méditation. Si nous nous réveillons après que notre temps de méditation soit terminé, nous en sortons lentement en prenant, comme d'habitude, au moins quelques minutes de repos avant de nous lever.

Si à la fin de notre méditation nous nous sentons groggy, cela nous aidera de prendre un peu plus de temps avant de nous lever. Nous pouvons rester couchés cinq à dix minutes ou même faire un petit somme si nous en avons le temps.

Si nous sommes tellement groggy au milieu de notre méditation que nous n'arrivons plus à retrouver le mantra, nous pouvons nous coucher un moment. Cette sorte de repos fait aussi partie du temps fixé pour la méditation. Si plus tard, dans notre séance, nous sommes capables de revenir au mantra, il est préférable de reprendre la position assise, autant que possible, avec un bon support pour le dos.

Il est possible que ce genre d'hébétude ou d'endormissement se produise dans la méditation profonde pendant toute une série de séances. Ensuite, cela s'éclaircira. Si nous respectons les procédures de la méditation profonde, nous devrions avoir de la clarté dans nos activités journalières alors même que nos méditations se passent dans cet état d'endormissement.

Courage ! Tout cela fait partie de cycles de purification qui se poursuivent au plus profond de notre être. Sur le long terme, nous serons imprégnés de la félicité d'un silence intérieur inébranlable. Tous les hauts et les bas de la pratique conduisent à cela dans notre activité journalière.

*Les bruits extérieurs*

Bien sûr, personne n'a envie de méditer avec le bruit d'un marteau piqueur sous sa fenêtre. D'un autre côté, on peut méditer avec tout ce qui se passe, dans un avion, en bus, en train, en voiture, ou même dans une salle d'attente pleine de monde. Comment peut-on méditer dans des situations aussi perturbantes ?

D'accord, ce n'est pas notre tout premier choix. Chaque fois que nous pouvons trouver un endroit tranquille pour méditer où nous ne serons pas distraits, ce sera l'idéal. Si cela n'est pas possible, nous pouvons quand même méditer n' importe où avec la même efficacité. La méthode de la méditation profonde considère tous les stimuli du mental exactement de la même façon, y compris les stimuli sensoriels. Nous continuons la méditation, peu importe ce qui sollicite notre attention : pensées, émotions, sensations physiques, bruits, éclairs de lumière extérieurs ou intérieurs, quoi que ce soit qui se produise. Par exemple, nous sommes assis en méditation et un marteau piqueur démarre sous notre fenêtre ; pas de doute, le bruit va attirer notre attention. Quand cela arrive et que nous réalisons avoir perdu le mantra, que faisons-nous ? Nous revenons sans effort au mantra. La méditation peut continuer sans problème, avec ou sans bruit. Nous en aurons la preuve par l'expérience. C'est un fait que nous aurons peut-être certaines de nos méditations les plus profondes dans des situations où nous n'aurions jamais imaginé pouvoir seulement commencer à méditer sans même parler d'entrer profondément dans le silence intérieur.

La vérité est que parvenir ou non à entrer profondément dans la méditation a très peu à voir avec l'environnement dans lequel nous méditons. Cela dépend davantage des cycles de purification par lesquels passe notre système nerveux. Gardez cela présent à l'esprit la prochaine fois que vous méditerez dans un endroit bruyant et allez de l'avant.

En relation avec le bruit et les autres stimuli sensoriels, il y a encore un autre point à mentionner au sujet de la méditation et de l'attention. Avec notre pratique à long terme de la méditation journalière, nous découvrirons que le silence intérieur fait de plus en plus partie de notre existence. Nous serons en permanence, plus calmes et remplis intérieurement de félicité. A mesure que cela se produit, le silence intérieur obtenu dans la méditation sera comme un *sortilège* à notre disposition pour plonger à l'intérieur. Dès que nous avons fermé les yeux, nous dépassons l'emprise des stimuli externes. En vérité, même les yeux ouverts, les stimuli externes n'auront plus prise sur nous.

Une fois ce stade atteint, la méditation profonde ne sera plus une procédure mentale mécanique et deviendra comparable à l'écoute de notre musique préférée. Nous n'abandonnons pas pour autant la procédure de la méditation profonde. Bien au contraire, avec le temps, elle s'unira aux profondeurs du silence intérieur. A mesure que cela arrivera, les bruits et autres perceptions sensorielles auront beaucoup moins d'effet sur notre attention pendant la méditation, car nous serons naturellement attirés par notre félicité intérieure. La même chose se produira dans notre vie de tous les jours en dehors des méditations. Toutes nos activités deviendront imprégnées de la stabilité, de la force et de l'amour de notre silence intérieur.

Notre vie devient pleine de joie et en vivant ainsi nous devenons de plus en plus efficaces. Nos méditations deviennent graduellement plus joyeuses qu'il y ait ou non du bruit autour de nous. A la fin, tous les bruits étant perçus à l'intérieur de notre silence intérieur inébranlable ne sont plus du tout une distraction.

*Les interruptions*

Que faire si nous méditons tranquillement assis dans notre pièce et que notre tante Louise entre nous demander quelque chose?

Nous pouvons lui dire simplement : « Tante Louise, je médite et je pourrai vous répondre dans vingt minutes ».

Elle comprendra et nous laissera. Ensuite, nous revenons sans effort à la méditation. Si elle nous dit avoir besoin d'une réponse immédiate, nous pourrons la lui donner. Dans ce cas, nous serons peut-être un peu perturbés dans notre méditation. Nous pouvons nous détendre une minute ou deux avant de démarrer le mantra à nouveau. Nous ne recomptons pas depuis le début la durée de notre méditation. Il vaudra mieux compter le temps de l'interruption comme s'il faisait partie de notre méditation comme n'importe quel autre courant de pensée.

Maintenant, que faire si tante Louise se précipite dans la pièce en criant « Au feu ! » ? C'est très simple. Nous nous levons et faisons tout ce qui est nécessaire pour faire face à la situation. La première priorité est de nous sauver corps et biens. Si nous devons nous lever pour faire face à une urgence, nous pourrons ressentir plus tard un certain malaise dû aux impuretés laissées à demi dénouées au moment où nous sommes sortis de notre méditation avec précipitation. Dans ce cas, il est indiqué de se reposer un moment une fois l'urgence passée. Ne reprenez pas la méditation, prenez simplement le temps de vous reposer quand vous en aurez la possibilité et le moment venu faites la méditation suivante normalement prévue.

En devenant plus expérimentés dans la méditation profonde avec davantage de silence intérieur dans notre système nerveux, les interruptions deviendront moins envahissantes. De même que les bruits et les autres stimuli externes, les interruptions arriveront dans notre silence comme si elles faisaient partie du cours naturel des choses et ne s'accrocheront plus à nous. Toute notre vie ira vers cet état.

*De l'importance de se reposer avant de se lever*

Nous avons déjà fait allusion à de nombreuses reprises à l'importance de prendre suffisamment de repos avant de nous lever après avoir médité et il vaut la peine d'en faire ressortir à nouveau l'importance.

Subjectivement, il ne semble pas y avoir beaucoup de différences entre les pensées et les sentiments que nous avons pendant ou en dehors de la méditation. Il y a pourtant une immense différence. Une des façons les plus rapides pour savoir à quoi nous en tenir est de sauter hors de la méditation pour reprendre l'activité sans avoir pris aucun repos. Il est tout à fait vraisemblable que nous serons désagréables, irritables et tout à fait mal dans notre peau. Nous l'avons tous fait une fois ou l'autre et c'est une bonne leçon sur l'importance de prendre suffisamment de repos avant de sortir de la méditation.

Quand nous sommes dans la méditation profonde, une purification est en cours, profondément dans notre système nerveux. Des éons d'obstructions sont enlevés quand nous touchons le fond de notre silence intérieur. Le but du repos à la fin de notre méditation est de permettre à la purification en cours de se terminer avant de nous lever. Cela peut être tout aussi simple que de prendre quelques minutes assis sur notre siège de méditation sans mantra avant de nous étirer et d'ouvrir les yeux lentement. Ou bien, si nous avons tout un lot d'impuretés qui se dégagent avec la méditation nous pouvons préférer nous coucher cinq à dix minutes avant de nous lever lentement.

Le repos après notre méditation est tout aussi important que la méditation proprement dite. Sans ce temps de repos, notre vie peut devenir plutôt inconfortable et nous pouvons perdre notre motivation à méditer. Prenons donc toujours le temps nécessaire pour nous reposer avant de quitter la méditation profonde. Alors, toutes nos activités dans la vie quotidienne seront remplies de paix et de félicité avec un minimum d'inconvénients provenant de la purification intérieure produite par notre méditation profonde.

*Régler avec précision la durée de notre méditation*

Pour la majorité d'entre nous, méditer vingt minutes deux fois par jour sera une bonne formule pour conserver un progrès régulier au long cours. Peut-être plus tard sentirons-nous le désir de méditer plus longtemps. Pour quelques-uns, il sera évident que vingt minutes sont trop. Ce qui nous amène à la question de *régler avec précision* la durée de notre méditation.

Il est important de comprendre qu'avec la méditation profonde moins peut être plus et qu'en faire trop peut revenir à en faire beaucoup moins si cela nuit à notre santé. Le silence intérieur est la force la plus puissante en nous, le pouvoir sous-jacent au cosmos tout entier, pris en quantité équilibrée, deux fois par jour, il nous transformera avec le temps.

Imaginez-vous en train de conduire une voiture. Quand nous appuyons sur l'accélérateur, elle va plus vite. Si nous sommes pressés, nous appuyons davantage sur la pédale. Que se passe-t-il si nous arrivons à un tournant surplombant une falaise ? Continuerons-nous à appuyer sur la pédale ? Si nous le faisons, bonjour les dégâts ! La méditation est comme cela. Il y a une limite à la quantité de purification que notre système nerveux peut tolérer jour après jour, semaine après semaine et mois après mois. Si, avec la méditation profonde, nous gardons constamment le pied au plancher, le résultat ne sera pas bon, exactement comme avec la voiture.

Nous voulons trouver le bon équilibre. Pour ce faire, nous faisons de petits ajustements. Si nous souhaitons augmenter le temps de la méditation, nous pouvons procéder par paliers de cinq minutes sans augmenter à nouveau pendant au moins quelques mois. Nous saurons alors si nous sommes stables ou non avec cette augmentation.

Si nous ressentons de la gêne dans notre activité, même après un repos suffisant à la fin de la méditation profonde, il est possible que notre méditation soit trop longue. Cela peut arriver que nous méditions vingt minutes, quinze ou même moins. Quelques-uns sont très sensibles à la méditation profonde et peuvent arriver aux mêmes résultats en consacrant beaucoup moins de temps à la pratique. Dans ce cas, même en diminuant notre temps de pratique nous n'avançons pas plus lentement. Si nous avons trop de choses qui remontent et d'inconfort dans notre activité de tous les jours, nous diminuons la durée de notre pratique aussi rapidement et autant que nécessaire pour retrouver l'équilibre. Une fois trouvée une durée stable, nous devrons nous y tenir un certain temps, au minimum plusieurs semaines. Si pendant une période chaotique nous sommes passés de vingt minutes à dix et que nous sentons que c'est terminé, nous pouvons augmenter de cinq minutes et voir ce qui se passe.

Nous en arrivons à un aspect subtil et très important de notre pratique visant à obtenir le confort et l'efficacité maximale. Nous l'appelons *self-pacing*, réguler ou gérer soi-même sa pratique pour aller à son propre rythme (N.d.T : à l'avenir, nous garderons l'expression en anglais sans chercher à la traduire).

Il n'y a que le pratiquant qui puisse déterminer son propre rythme et c'est un aspect important de notre cheminement sur le sentier de la purification intérieure que nous ouvre la méditation profonde.

Après nos méditations, observons comment nous nous sentons dans notre activité journalière et si nécessaire ajustons notre pratique. Pour la plupart d'entre nous, il n'y aura aucune ou alors simplement une petite rectification par rapport à la durée de base de vingt minutes. Cependant, pour quelques-uns l'ajustement peut être un vrai problème, particulièrement pour ceux qui sont très sensibles à la méditation profonde. Dans ce cas, en faire moins revient définitivement à en faire plus. Ces instructions ont pour but de permettre à chacun d'avoir des moyens efficaces pour faire les ajustements nécessaires pour rendre le voyage le plus facile possible. Plus nous pratiquerons la méditation profonde journalière plus nous serons à même de régler avec précision la durée de notre méditation.

L'émergence du silence intérieur nous ouvrira à une perception plus aigüe du processus de la purification intérieure et de la façon de le gérer efficacement. Le « self-pacing » est un fait dans la vie de tous ceux qui s'engagent dans les pratiques spirituelles. C'est un savoir-faire essentiel pour les pratiquants de tous niveaux, des débutants aux avancés.

*Surveiller l'horloge pendant la méditation*

Dans les premières semaines et les premiers mois de la pratique deux fois par jour de la méditation profonde, il est normal d'être un peu préoccupé par l'horloge.

Il est correct de jeter de temps à autre un coup d'œil à l'horloge pour surveiller nos vingt minutes. Toutefois, il n'est pas nécessaire de vérifier chaque minute ou même toutes les cinq minutes. Avec l'expérience, nous découvrirons que nous avons une horloge biologique interne tout à fait efficace et nous nous tromperons rarement en lui faisant confiance pendant la plus grande partie de la méditation, vérifiant avec l'horloge physique, si nécessaire, vers la fin de la méditation.

La question se pose de l'utilisation d'une alarme. Bien sûr, nous ne voulons pas d'une alarme qui nous fasse bondir de notre siège. De plus, ce n'est pas la meilleure solution de dépendre tout le temps d'une aide extérieure. L'utilisation d'une alarme douce est correcte pour autant que nous puissions nous en passer si nous ne l'avons pas. C'est le point. Quelques fois, nous n'aurons que notre montre pour confirmer l'écoulement du temps de notre horloge interne.

Dans le même ordre d'idées, ce n'est pas la fin du monde si nous tombons dans un de ces états d'absence semblables au sommeil, dont nous avons déjà parlé, pour nous réveiller dix minutes après la fin de notre temps de méditation. Dans ce cas, nous nous reposons un certain temps pour être sûrs de ne pas amener dans notre activité quotidienne des purifications intérieures incomplètes. Ce n'est pas grave si, par inadvertance, nous dépassons le temps fixé. Nous observons simplement notre temps de repos avant de nous lever. Par contre, nous ne dépassons pas intentionnellement notre temps de pratique. Ce ne serait pas la meilleure méthode. Nous voulons être réguliers dans la durée de notre méditation à travers les mois et les années. Sur le long terme, peu importe si nous avons dérapé ici et là. Si nous avons été réguliers dans notre pratique en gardant une durée bien équilibrée, nous atteindrons les résultats désirés avec le minimum d'inconfort sur le chemin.

*Trouver le temps de méditer dans le feu de l'action*

La plupart d'entre nous mènent des vies actives et c'est une bénédiction. Il n'y a pas de meilleur moyen pour stabiliser le silence intérieur procuré par la méditation que de sortir et de s'engager pleinement dans l'activité correspondant à nos inclinations.

Cependant, si nous sommes très actifs, trouver le temps de méditer peut devenir un défi. C'est donc un problème que nous devons examiner dès que nous commençons à apprendre à méditer. Si nous ne le prenons pas en compte dès le début, nous risquons d'être tellement pris par la vie que nous pouvons oublier notre méditation de temps à autre et perdre rapidement l'habitude de méditer. Cela peut arriver à n'importe lequel d'entre nous.

Quelle est la solution? Si nous pouvons enraciner profondément notre habitude de méditer, nous serons capables de l'*honorer* où que nous soyons. En fait, honorer la pratique chaque jour, au moment fixé, développe l'habitude proprement dite. Cela ne veut pas dire que nous allons fermer les yeux pour méditer au beau milieu d'une réunion, mais cela veut dire que nous pouvons méditer dans un avion, dans le train, assis dans l'attente d'un rendez-vous ou bien quelques minutes avant la pause repas quand nous travaillons à finaliser un projet. Même si nous nous asseyons quelques minutes les yeux fermés sur un banc dans une rue passante, prenant sans effort notre mantra, nous avons fait honneur à notre habitude de méditer. Honorer ainsi notre pratique crée une habitude qui nous permettra d'être toujours capables d'utiliser le peu de temps que nous avons pour continuer notre méditation profonde journalière.

Parfois, nous aurons peu de temps pour méditer, à d'autres moments beaucoup de temps. Dans l'un ou l'autre cas, nous pouvons entretenir notre habitude en fermant les yeux. C'est la clé. Aussi longtemps que nous avons le désir de méditer au moment fixé quel que soit l'endroit où nous nous trouvons et que nous faisons le nécessaire d'une manière ou d'une autre si mince soit-elle nous serons sur le chemin.

Bien sûr, si nous vivons une vie déséquilibrée, cela nous rattrapera tôt ou tard. Dans ce cas, établir et conserver l'habitude de la méditation profonde devient très difficile. Il est probable que des activités excessives vont déséquilibrer d'autres aspects de notre vie. Dans ce cas, peut-être devrions-nous prendre du recul et examiner notre situation dans son ensemble. Si nous n'arrivons jamais à trouver le temps de méditer, nous ne trouverons probablement pas non plus, le temps pour d'autres aspects de notre vie. Avoir une vie équilibrée a beaucoup de valeur. Des circonstances temporaires peuvent ne pas toujours favoriser une vie équilibrée, mais si nous ne nous dirigeons pas vers l'équilibre sur le long terme c'est peut-être le moment de reconsidérer notre façon de vivre. Commencer et persévérer dans une routine de méditation journalière est une bonne façon de lancer la balle dans la bonne direction. Réduire l'activité mentale en suivant un plan déterminé peut amener beaucoup plus de bonheur dans notre vie sous la forme d'un silence intérieur plein de félicité. Alors, quand nous serons très actifs, nous serons en même temps bercés par notre tranquillité et nos choix graviteront naturellement vers plus d'équilibre dans la vie.

*Méditer après les repas ou au moment de se coucher*

Avec un emploi du temps très chargé, nous n'aurons que peu de possibilités pour faire notre méditation profonde chaque jour. Peut-être que le seul moment dont nous disposerons sera juste après un repas ou juste avant d'aller nous coucher.

Ce n'est pas la meilleure approche pour des raisons bien précises. La méditation faisant baisser nos fonctions corporelles et l'ensemble de notre métabolisme ira à l'encontre des activités de notre corps, comme la digestion. Il sera donc bien d'attendre au moins une heure après le repas pour méditer.

La méditation profonde étant une préparation à l'activité peut nous garder éveillés si nous la faisons juste avant d'aller nous coucher. Il est donc recommandé de méditer au moins une heure avant l'heure du coucher et d'avoir au moins une petite activité entre la méditation et le moment d'aller dormir.

Ayant dit tout cela sur les repas et l'heure d'aller au lit, il est bien possible que certains d'entre nous ne soient pas tellement affectés par ces circonstances. Pour eux, méditer après un repas ou juste avant d'aller se coucher peut ne présenter aucune difficulté. Nous ne le saurons qu'en essayant et en voyant ce qui se passe. Même dans le pire des cas ce ne sera pas une catastrophe tout au plus une indigestion ou une insomnie. Il est bien de savoir comment nous réagissons en méditant dans des circonstances différentes. Non que nous devrions prendre l'habitude de méditer tout de suite après le repas ou juste avant d'aller nous coucher. Mais nous pouvons ne pas avoir le choix et nous aurons sans aucun doute l'opportunité d'en faire l'expérience une fois ou l'autre. C'est correct. Nous avons besoin de trouver quelles sont nos options.

Avec un peu de chance, nous arriverons à garder une routine stable de méditation avant les repas du matin et du soir, une bonne activité pendant le jour et la soirée et un sommeil normal pendant la nuit. Quand nous serons sous pression, nous saurons ce qui marche pour nous et ce qui ne marche pas. Notre propre expérience sera la pierre de touche de ce que nous pouvons faire pour continuer notre pratique.

*Alcool, tabac et drogues*

Comme nous le savons, la méditation profonde stimule en profondeur un processus de purification de notre système nerveux. La méditation est un très bon outil pour un nettoyage en profondeur, mais pas nécessairement le meilleur pour se dégager de substances ingérées récemment comme l'alcool, le tabac ou les drogues récréatives. Du fait que ces substances agissent directement sur le cerveau et affectent notre acuité mentale, il vaut bien mieux ne pas les avoir dans notre système pendant la méditation profonde, voire même pendant les jours qui précédent la pratique de la méditation profonde. Si nous le faisons, les résultats de notre méditation seront loin d'être les meilleurs.

Si notre dépendance à ces substances n'est pas trop forte et si nous sommes capables de commencer à méditer régulièrement, nous constaterons que notre envie disparaîtra naturellement. Elle disparaîtra, car nous sentirons le silence intérieur émerger. Quand une telle joie apparaît, nous nous sentons moins attirés par les additifs chimiques que nous avions l'habitude d'essayer dans le passé et qui n'étaient que des substituts temporaires de la chose réelle que nous ressentons maintenant grâce à la méditation profonde.

D'un autre côté, il n'est pas raisonnable de s'imaginer que la méditation profonde va pouvoir toute seule guérir une dépendance profondément enracinée à l'alcool, au tabac ou aux drogues. Dans ce cas, nous avons besoin d'un bon programme spécialement conçu pour ce genre de dépendance. *Le programme en douze étapes* est idéal et a été adapté pour faire face à toutes sortes de dépendances.

Si nous pouvons réduire ou supprimer notre consommation des substances qui perturbent notre attention et notre conscience, la méditation aura de bonnes chances de nous porter sur le reste du chemin.

Imaginez une fenêtre couverte de saletés. Nous aimerions la nettoyer pour jouir du soleil qui brille dehors. Avec la méditation nous pouvons la nettoyer dans tous les coins. Mais, pouvons-nous la nettoyer si quelqu'un jette dessus jour après jour de pleines pelletées de boue ? Cela sera trop pour que l'outil délicat de la méditation puisse y faire face. D'une façon ou d'une autre, nous devons arrêter de jeter de la boue sur la fenêtre afin d'aller de l'avant avec le nettoyage très subtil de la méditation qui nous permettra de voir le soleil dans toute sa gloire.

S'il s'agit d'une drogue prescrite par notre docteur pour une raison médicale, c'est une autre histoire. Nous devons respecter l'avis de notre docteur. Si nous pensons que le médicament prescrit perturbe notre méditation profonde, nous devons en parler à notre docteur pour voir ce qui peut être fait pour améliorer notre santé tout en aidant notre désir de méditer.

*Régime alimentaire*

Quand nous commençons la méditation profonde, il n'est pas nécessaire de changer quoi que ce soit à notre alimentation. C'est très bien de continuer avec l'alimentation qui nous convient.

A mesure que nous avançons, nous découvrirons que notre corps nous *parle* de la nourriture que nous lui donnons. Nous écouterons avec une oreille plus attentive ce qu'il nous dit, nous entendrons mieux qu'avant. Le résultat de cette communication entre notre corps et notre écoute peut nous conduire à des choix différents pour notre alimentation.

Bien qu'aucun conseil ne soit proposé ici en rapport avec la méditation profonde, nombre d'entre nous iront d'eux-mêmes vers une alimentation plus légère, plus nourrissante. C'est une bonne chose. Il est bien connu que des aliments plus légers, plus frais apportent une meilleure santé.

Au commencement, nous n'avons rien à décider à ce sujet. La méditation profonde nous rendra naturellement plus conscients de ce que nous mangeons et de tout ce qui s'accorde à la purification interne en train de se faire dans notre système nerveux et au maintien d'une bonne santé. Les choix que nous ferons seront nos choix et nous les ferons à notre meilleur avantage à mesure que nous progresserons sur le chemin vers plus de paix, de créativité et de liberté personnelle.

*Exercice et culture physique*

Nous savons déjà que, quand nous nous asseyons pour méditer, nos fonctions corporelles se calment. Il y a là un grand pouvoir pour guérir et purifier notre mental, nos émotions et notre corps. C'est la connexion du mental et du corps travaillant de concert à notre avantage d'une façon pratique grâce à notre habitude de la méditation profonde journalière.

Tous ceux qui s'engagent dans des exercices physiques savent que la connexion du corps et du mental fonctionne dans les deux sens. L'exercice physique non seulement nous garde en bonne santé, mais reste un moyen essentiel pour de nombreuses personnes de garder également la santé mentale et émotionnelle. Que nous pratiquions la musculation, l'aérobic, les arts martiaux ou les postures de yoga, nous le faisons en grande partie pour le bénéfice mental et émotionnel qu'apporte le travail sur le corps.

Avons-nous intérêt à faire de la culture physique en plus de notre méditation profonde journalière ? Absolument. Nous pouvons y gagner beaucoup à condition de pratiquer d'une façon équilibrée. Paradoxalement, la tranquillité acquise dans la méditation profonde peut nous amener quand nous sommes actifs à des niveaux profonds de condition physique et les exercices physiques peuvent aider à nous amener dans la méditation profonde à des niveaux plus profonds de silence intérieur. Ainsi, en gardant la connexion du mental et du corps, un programme de méditation profonde et un programme d'entraînement physique donnent de beaucoup plus grands bénéfices qu'un seul de ces programmes.

Quel est le meilleur entraînement physique possible et quand devrions-nous le pratiquer par rapport à nos séances de méditation ?

Le but, ici, n'est pas de réorganiser notre vie courante et nos activités pour satisfaire notre idée d'un programme idéal de culture physique. Si nous avons déjà un programme d'exercices qui fonctionne, nous pouvons le garder. Si nous n'en avons pas, eh bien, ce livre n'a pas pour objet de souligner les bénéfices que l'exercice physique régulier peut apporter. Ce que nous pouvons conseiller ici est le meilleur *moment* pour pratiquer en relation avec nos séances de méditation profonde. C'est très simple.

Le meilleur moment pour pratiquer des exercices physiques athlétiques se situe *après* notre séance de méditation profonde. Cela veut dire après notre pratique complète y compris le temps de repos adéquat avant de nous lever. A ce moment-là, après l'échauffement habituel, nous pouvons nous engager pleinement dans l'activité athlétique de notre choix. Comme nous l'avons déjà dit, la méditation profonde prépare à l'activité.

Si, à cause de notre emploi du temps, nous devons faire des exercices physiques énergiques avant la méditation profonde, nous devrions nous donner le temps de nous reposer avant de nous asseoir pour méditer. De toute façon, c'est ce que nous ferions normalement avant de reprendre nos activités de la journée, n'est-ce pas ? Sortir doucement d'une activité physique intense, prendre une douche, se détendre un moment, etc. C'est aussi ce qu'il convient de faire avant de s'asseoir pour la méditation profonde.

Dans le cas des postures de yoga, il faut distinguer entre deux catégories. De nos jours, les postures de yoga sont souvent faites comme des exercices physiques genre fitness, au point d'être en fait de l'aérobic, élevant le métabolisme par l'exercice. Ce type de postures de yoga est bénéfique en tant qu'exercice physique et devrait donc être fait après la méditation profonde ou bien avant, en prenant les mêmes précautions que pour les autres exercices de type athlétique.

Ensuite, il y a les postures de yoga accomplies de façon traditionnelle, qui sont lentes avec des exercices de flexions et d'étirements conçus pour ouvrir notre système nerveux pour faciliter le flot de nos énergies internes. Les postures traditionnelles de yoga aident également à cultiver notre tranquillité intérieure. Il y a donc là une connexion avec la méditation profonde. L'utilisation des postures traditionnelles de yoga en relation avec la méditation profonde est différente des autres formes plus vigoureuses de culture physique.

Avec les postures traditionnelles de yoga, nous avons une pratique complémentaire qui peut aider directement notre méditation profonde. Nous pouvons pratiquer ce genre de postures yogiques *tout de suite avant* notre méditation profonde assise. Elles peuvent nous aider à nous stabiliser avant de méditer, allégeant quelques-uns des problèmes physiques, si l'on peut dire, avant de nous plonger profondément avec le mental dans notre séance de méditation.

Si nous avons l'habitude de pratiquer les postures traditionnelles de yoga et si cela nous convient, ce sera très bien de pratiquer une petite série juste avant notre séance de méditation profonde. Nous pouvons profiter aussi d'autres formes d'exercices plus vigoureux, mais nous devrions les faire dans ce cas après la méditation profonde ou alors bien avant de manière à n'avoir pas trop d'activité au moment de méditer.

*Aller à son propre rythme (self-pacing) ou passer en force*

Dans certains cas, plus on en fait et plus vite l'on progresse, sans aucune limite apparente. Dans de tels cas, en mettant suffisamment d'énergie, nous pouvons *passer en force*. Avec les pratiques, nous pouvons faire beaucoup pour accélérer notre progrès spirituel, mais dans le domaine particulier de la purification et de l'ouverture de notre système nerveux il y a des limites à la rapidité avec laquelle nous pouvons aller tout en maintenant en même temps la stabilité. Sans stabilité dans notre pratique de la méditation profonde et dans notre vie de tous les jours, notre pratique ne tiendra pas très longtemps.

Aucun de nous n'a envie de continuer à se taper la tête avec un marteau. Si nous pratiquons de façon excessive, la méditation profonde pourrait bien ressembler à ça.

Grandir avec la méditation profonde ressemble à la culture d'une plante. Si nous l'arrosons et lui donnons du fertilisant dans la bonne proportion, elle poussera à son propre rythme forte et en bonne santé. Si nous l'arrosons trop et mettons trop de fertilisant, eh bien, vous savez ce qui va arriver. Gérer un programme de méditation profonde est du même ordre. C'est un peu différent pour chacun, comme nous l'avons discuté en examinant comment déterminer avec précision le temps à consacrer à la méditation. Une fois que nous aurons optimisé notre pratique et l'aurons faite nôtre, nous aurons trouvé la combinaison exacte qui convient parfaitement à notre croissance. Nous appelons cela *self-pacing*. Avec un *self-pacing* correct, nous pouvons aller de l'avant de façon indépendante avec beaucoup de succès sur le long terme.

D'un autre côté si nous méditons vingt minutes un jour, deux heures le jour suivant et pas du tout le jour d'après, nos progrès seront loin d'être satisfaisants et nous aurons pas mal d'instabilité dans notre vie.

En conséquence, gardez à l'esprit que foncer en cherchant à passer en force n'est pas la stratégie à préférer quand nous envisageons de commencer la méditation profonde. L'inconstance dans notre routine de pratique journalière n'est pas non plus la meilleure solution. Avec la pratique de la méditation profonde journalière, en faire moins revient à en faire plus. Le voyage n'est pas un sprint. C'est un marathon. Comme dans la fable du lièvre et de la tortue, c'est en allant lentement et régulièrement qu'on atteint en premier la ligne d'arrivée.

Gardons donc le *self-pacing* à l'esprit, en navigant à travers notre pratique de la méditation profonde, deux fois par jour, pendant des semaines, des mois et des années.

*Les effets dans l'activité journalière*

Nous nous habituons très vite aux bénéfices de la méditation profonde. Les qualités de paix, de créativité et d'énergie qui viennent faire partie de notre vie de tous les jours à mesure que monte le silence intérieur sont si naturelles que c'est à peine si nous les remarquons. Le bonheur est notre condition naturelle. C'est souvent quand il fait défaut que nous remarquons qu'il nous manque quelque chose.

Pour cette raison, il arrive souvent que ce soit les autres qui remarquent un changement en nous après que nous ayons médité quelques jours ou quelques semaines, avant même que nous ne remarquions quelque chose nous-mêmes. Souvent, les nouveaux méditants entendent de leur famille, de leurs amis et de leurs collègues : « vous semblez tellement calme », « cela fait des semaines que vous n'êtes pas sortis de vos gonds, que se passe-t-il ? », « vous souriez plus depuis quelque temps », et ainsi de suite… Alors que les autres remarquent les améliorations de notre comportement, nous pouvons ne pas les remarquer. Nous nous contentons de les vivre, avec un sourire intérieur qui grandit peu à peu.

Ou bien, nous pouvons continuer avec notre méditation et notre vie quotidienne pour réaliser seulement des mois plus tard que nous ne voyons plus le monde comme avant. Cela peut être déclenché par une expérience ou nous ne réagissons pas de façon disproportionnée comme nous l'aurions fait dans le passé lors d'expériences similaires. C'est avec le temps que nous remarquerons davantage les changements en nous-mêmes. Alors, il devient clair que nous ne fonctionnons plus de la même façon qu'avant et c'est une bonne chose.

Le chemin d'ouverture sur lequel nous marchons avec la méditation profonde est un long chemin avec des possibilités profondes à long terme. Pourtant, dès que nous commençons à pratiquer nous pouvons en avoir déjà les bénéfices, de même que ceux qui sont autour de nous et c'est le plus grand cadeau que nous puissions donner au monde. En marchant pour nous-mêmes sur le chemin de la liberté personnelle, nous marchons également pour tous les autres.

### Visions et expériences énergétiques

Pendant ou après nos séances de méditation profonde, nous pouvons avoir d'autres types d'expériences. Nous pouvons même les avoir avant d'avoir seulement appris à méditer. De telles expériences sont des perceptions claires internes ou externes que nous pourrions appeler des *visions* ou des *mouvements de l'énergie*. Quand elles se produisent dans notre pratique de la méditation, elles sont toujours des symptômes de purification avec quelque chose de plus que les pensées, sentiments et sensations ordinaires dont nous avons l'habitude. Quand elles arrivent en dehors de notre méditation, elles correspondent à ce que l'on qualifie d'expérience *psychique*, *extrasensorielle* ou *mystique*.

Quel que soit le nom que nous choisissons de leur donner ces expériences peuvent survenir aussi bien pendant qu'en dehors de la méditation profonde. Nombreux poseront la question : « quelle est la nature de ces expériences et comment les relier à ma pratique de la méditation et à ma vie ? »

Nous allons examiner plusieurs catégories d'expériences et voir comment en faire façon à mesure que nous avançons sur notre chemin de la pratique journalière de la méditation profonde.

*Sons et visions intérieurs*

Nos facultés sensorielles ont plusieurs dimensions. Nous tenons souvent pour acquis que nous avons la capacité grâce à nos cinq sens de percevoir les longueurs d'onde de la lumière, les vibrations du son dans l'air et les autres variations de l'énergie et des caractéristiques chimiques. Pourtant, nous pouvons être surpris quand tout d'un coup nous expérimentons quelque chose au-delà de l'éventail de nos perceptions sensorielles habituelles. Cela retient notre attention. En tout cas au commencement. Plus tard, nous pouvons ne même plus remarquer que nous percevons le monde d'une façon que nous n'aurions jamais pu imaginer auparavant. Il est facile de s'habituer à une perception améliorée, de même qu'il est facile de s'habituer à la montée du silence intérieur et au bonheur qu'il apporte.

Quand le silence intérieur s'élève dans notre système nerveux, il est possible d'avoir des expériences sensorielles nouvelles, des lumières intérieures, des sons, des attouchements, des saveurs et des odeurs. Ces expériences peuvent être très subtiles ou très remarquables.

Si de telles expériences sensorielles internes surviennent pendant notre méditation, nous serons bien inspirés de les voir comme n'importe quelle autre expérience et de revenir simplement à notre mantra. Il est important de comprendre que les expériences que nous avons dans la méditation, peu importe qu'elles soient profondes, ne sont que des sous-produits du processus de purification intérieure dans lequel nous nous sommes engagés. Elles sont le *spectacle* que nous voyons pendant notre voyage. Dès qu'intentionnellement nous nous laissons aller à de telles expériences, nous ne sommes plus en train de méditer. Les expériences, proprement dites, ne sont pas la pratique. Elles sont le résultat de la pratique. Si nous sommes fermes dans notre méditation profonde en suivant la procédure simple de revenir sans effort au mantra chaque fois que nous réalisons l'avoir perdu, nous cultiverons davantage le silence intérieur et notre perception de nos dimensions internes et externes se développera graduellement.

Si ces expériences se produisent en dehors de nos méditations, nous pouvons nous en réjouir en accord avec nos propres inclinations. A la fin, nous verrons le monde tout entier pour ce qu'il est, un flot sans fin d'énergie rayonnante interconnectée et une expression de notre propre nature intérieure, la tranquillité pleine de béatitude. L'expansion naturelle de notre sensualité intérieure est également une expansion de notre perception du monde.

Aussi longtemps qu'une fois assis pour notre méditation profonde, nous favorisons notre pratique, notre perception de nous-mêmes et du monde continuera à s'approfondir et à se développer. Les expériences sensorielles intérieures sont une manifestation naturelle de notre croissance et pendant notre séance de méditation profonde nous serons sages de les regarder comme n'importe quel autre stimulus sensoriel.

*Sensations d'énergie coulant intérieurement*

Il y a en nous, deux niveaux d'expérience fondamentaux. Le premier est le silence intérieur, notre forme de conscience la plus essentielle, la fondation de ce que nous sommes et de tout ce qui nous entoure. Le second est l'énergie, tout ce qui est manifesté, que nous expérimentons et percevons à travers nos sens.

Quand le silence intérieur devient plus présent, l'énergie qui en découle est également stimulée. Le paradoxe est que le silence intérieur, la tranquillité profonde, conduise à une activité plus dynamique. Pourtant, c'est bien ce que nous expérimenterons à bien des niveaux à mesure que nous progressons dans notre pratique de la méditation profonde.

Il n'y aura donc rien d'extraordinaire à sentir l'énergie bouger en nous. Cela fait partie du processus de purification et c'est bien l'énergie qui est derrière les pensées, les sentiments et les sensations que nous avons pendant la méditation profonde.

De tels mouvements de l'énergie interne dans notre système nerveux peuvent être également ressentis d'une façon plus exotique et avec une plus grande intensité. Des qualités sensorielles peuvent être impliquées, ainsi qu'expliqué précédemment. La distinction entre une expérience sensorielle interne et une expérience énergétique pure et simple sera une différence d'intensité. Avec une expérience énergétique, nous pouvons sentir physiquement l'énergie courir à travers notre système nerveux. Nous pouvons sentir de la chaleur, une pression physique, des frissons, des sensations de picotement ou la chair de poule.

Il peut y avoir de l'exaltation, la respiration qui s'accélère, qui halète, ou encore des rires ou des pleurs involontaires. Il peut aussi se produire des manifestations similaires à diverses pratiques de yoga, les yeux qui partent vers le haut, la langue qui s'enroule vers l'arrière du palais, des mouvements de la tête et ainsi de suite. Si l'une ou l'autre de ces manifestations se produisent, il n'y a pas lieu de s'en alarmer. C'est une purification, un *paysage* de plus dans notre voyage.

Nous traitons les expériences énergétiques exactement de la même façon que toutes celles qui peuvent venir dans la méditation, quand nous réalisons que notre attention n'est plus sur le mantra, nous le reprenons sans effort.

Si, pendant notre méditation, les expériences énergétiques deviennent excessives, nous pouvons laisser le mantra et nous détendre simplement pendant quelques minutes. Si les sensations continuent avec force, nous pouvons nous coucher un moment jusqu'à ce qu'elles disparaissent, tout en considérant que cela fait partie de notre temps de méditation. De plus, souvenez-vous de vous reposer à la fin de votre méditation avant de vous lever.

Si ces symptômes se manifestent pendant notre activité journalière et deviennent excessifs sans donner signe de vouloir disparaître nous devrions penser à diminuer le temps de la méditation pour quelques jours ou semaines jusqu'à ce que les choses se calment ainsi que nous en avons discuté précédemment en expliquant comment déterminer au mieux la durée de notre méditation. Une fois nos énergies internes stabilisées dans notre activité journalière, nous pourrons songer à revenir à notre temps de méditation en augmentant par paliers de cinq minutes.

Toutes les sensations produites par l'énergie sont des symptômes de la purification en cours dans notre système nerveux. Les sensations sont produites par le *frottement* de l'énergie neurobiologique coulant à travers des nerfs subtils qui ne sont pas encore complètement purifiés. Plus il y a d'énergie et moins les nerfs sont purifiés, plus il y aura de sensations énergétiques. Nous cherchons donc à réguler la quantité d'énergie stimulée pour qu'elle soit juste suffisante pour purifier notre système nerveux sans pour autant causer trop de perturbations. A mesure que peu à peu nos nerfs subtils se purifient, ils peuvent supporter beaucoup plus d'énergie avec moins de résistance. C'est à partir de ce moment-là que nos expériences vont se transformer pour passer de manifestations énergétiques grossières à l'extase proprement dite. L'énergie reste la même. La neurobiologie reste la même. En définitive, un courant plus puissant avec moins de résistance et l'extase qui grandit régulièrement.

En étant conscient de la dynamique de ce processus de purification, nous serons dans une bien meilleure position pour réguler en conséquence notre pratique de la méditation profonde et nous nous ferons beaucoup moins de souci, car nous saurons ce qui se passe et comment y faire face.

*Excitation sexuelle*

Le mouvement de l'énergie dans notre système nerveux peut se manifester sous forme d'excitation sexuelle. Cela peut se produire de temps à autre et c'est normal. Il y a une relation étroite entre notre sexualité et l'évolution de nos progrès spirituels. L'énergie qui monte de notre biologie sexuelle se répandra graduellement à travers notre système nerveux à mesure que nous avancerons sur notre chemin spirituel. La méditation profonde, à elle seule, peut éveiller ce processus. Une certaine excitation peut se produire à mesure que notre biologie spirituelle répond à de nouveaux niveaux de stimulation provoqués par la montée du silence intérieur. Plus tard, beaucoup plus d'énergie coulera à travers nous avec peu ou même pas du tout de symptômes sexuels externes. Quand l'énergie sexuelle prend cette forme plus élevée dans la neurobiologie, nous l'appelons énergie spirituelle.

Si l'excitation sexuelle se produit pendant la méditation, nous suivons la même procédure que pour toutes les autres expériences. Nous favorisons sans effort le mantra.

La progression de notre fonction sexuelle vers un but spirituel ne nous enlève pas pour autant notre capacité à nous engager dans des relations sexuelles ou à avoir des enfants. C'est une expansion de la fonction sexuelle vers le haut et non une renonciation à la fonction biologique de la reproduction pour gagner une autre fonction neurobiologique, l'illumination. Nous sommes capables de fonctionner pleinement dans ces deux domaines.

*Prémonitions, clairvoyance et clairaudience*

Nous avons tous des possibilités latentes, plus ou moins susceptibles de se manifester. Certains naissent avec des *dons* remarquables pour sentir des événements futurs, des énergies spirituelles, des êtres qui ne sont pas sur le plan physique et d'autres phénomènes similaires. Le monde est plein de l'évidence de tels cas.

Si nous pratiquons la méditation profonde, nous pouvons remarquer que notre capacité à avoir ce genre de perceptions augmente. Après tout, si notre silence intérieur monte et que nos capacités sensorielles intérieures s'ouvrent, il tombe sous le sens que nous verrons davantage de ce qui est là que nous n'avions pu voir avant. Il n'y a pas lieu de s'en alarmer. En même temps que notre perception sensorielle s'approfondira, nous attirerons également beaucoup plus d'énergies bienveillantes et beaucoup moins d'énergies chaotiques. Avec le raffinement de notre perception, nous verrons bien davantage les aspects positifs de la vie. Le silence intérieur qui émerge nous apporte les deux.

Les dons qui nous viennent ainsi feront partie de notre capacité montante à aider les autres et nous serons capables de le faire sans même y penser. En d'autres mots, nous ne développons pas une capacité pour sortir ensuite l'utiliser en cherchant des gens à aider. Non. Nous nous développons nous-mêmes sur le plan spirituel au sens le plus large possible en cultivant la conscience de pure félicité dans notre système nerveux et ensuite nous constatons être beaucoup plus enclins à aider les autres. Alors, les moyens nécessaires à l'accomplissement de ce service nous viendront. Ainsi, le processus de dévoilement et la manifestation du pouvoir divin ne dépendent pas tellement de nos choix. Nous choisissons, mais nous le faisons à partir du niveau de notre conscience intérieure, notre silence intérieur. Ce que nous cultivons dans la méditation profonde est paix, amour et bienveillance. Par la méditation profonde, nous devenons graduellement un canal pour les qualités du silence intérieur et pour les dons qui l'accompagnent. En agissant ainsi nous en venons à vivre une vie de liberté, de félicité extatique et de service aimant.

Si, pendant notre méditation profonde, nous avons des prémonitions ou d'autres expériences de clairvoyance, nous serons bien avisés de simplement favoriser sans effort notre mantra quand nous réalisons l'avoir perdu. Si elles nous sont nécessaires pour une raison ou une autre, les visions seront là plus tard. Si elles viennent au petit bonheur la chance dans l'activité journalière, sans aucune raison apparente, il vaudra mieux les laisser passer sachant que nous nous sommes engagés dans un processus à long terme de purification et d'ouverture.

Quand nous sommes plongés dans notre méditation profonde, toutes ces expériences sont des facettes du processus de purification dans lequel nous sommes engagés et devraient être regardées en conséquence.

*Visions de personnages religieux*

Si nous sommes assis en train de méditer et si l'inspirateur divin de notre religion vient à nous sur un chariot doré, que devons-nous faire ? Si ce sont Jésus, Bouddha, Krishna, Moïse, Mahomet et qu'ils nous demandent de venir faire un tour avec eux dans leur chariot doré, que devons-nous faire ?

C'est très simple. Nous revenons sans effort à notre mantra à quelque niveau du mental que nous nous trouvions.

Vous pouvez demander : « comment pouvons-nous préférer notre mantra à l'un de ces grands sauveurs de l'humanité ? Le mantra est-il plus grand qu'eux ? »

Ce n'est pas que nous préférions le mantra aux grands êtres. Nous sommes en train de méditer. Quand nous méditons, nous favorisons le mantra sur tout ce qui peut venir, de manière, en cultivant notre conscience de pure félicité, à connaître toutes choses dans leur vérité la plus profonde. En procédant ainsi nous connaîtrons bien mieux les grands êtres. Nous connaîtrons la vérité de notre propre religion bien mieux qu'avant. La méthode simple que nous suivons dans la méditation profonde ne consiste pas à porter un jugement de valeur à propos de tout. C'est simplement une méthode qui approfondira notre perception et notre appréciation de toutes choses. Une fois terminée notre séance de méditation, notre sauveur sera toujours là avec nous, encore plus brillant dans notre vision, grâce à la pure conscience de félicité cultivée intérieurement.

Les grands êtres ne disent-ils pas tous la même chose ?

« Connais-toi toi-même et tu connaîtras Dieu »

« Découvre la lumière en toi et tu connaîtras ma lumière »
« Cherchez d'abord le royaume des cieux et tout le reste vous sera donné par surcroît »

C'est ce que nous faisons avec cette méthode simple appelée méditation profonde.

*La pratique opposée aux sirènes de l'expérience spirituelle*

Maintenant, nous pouvons voir l'intérêt de se forger une habitude sur la façon dont nous nous comportons face à tout ce qui peut se produire dans nos séances de méditation profonde. Quelle que puisse être l'expérience, revenir toujours au mantra quand nous nous rappelons l'avoir perdu. La seule exception mentionnée se rapporte au cas d'une purification excessive, inconfortable au point de rendre difficile de reprendre le mantra. Dans ce cas, nous utilisons la méthode déjà décrite. Il est, également, bien évident que si quelqu'un crie « au feu ! » ou si une urgence physique se produit, nous devons tout faire pour nous sauver corps et biens.

Dans la méditation profonde, il est relativement facile de renoncer à des courants de pensée incohérents ou à la routine habituelle des émotions ou des sensations physiques. Par contre, quand nous avons des visions ensorcelantes et des expériences d'énergie extatique pendant la méditation, nous pouvons être tentés de nous laisser emporter. Si nous le faisons, nous ne serons plus dans la procédure de la méditation profonde et nos résultats varieront en conséquence. Nous pouvons regarder de telles expériences glorieuses comme des *sirènes* venant nous distraire de notre méditation. Quand, dans la méditation profonde, de telles visions se produisent, il sera bien de se rappeler que c'est la pratique qui nous ramènera à la maison et non telle ou telle expérience sur laquelle nous serions tentés de porter notre attention pendant que nous sommes assis là.

Pour le reste, si nous suivons la procédure correcte dans nos méditations, nous constaterons des améliorations graduelles dans de nombreux domaines de notre vie journalière, moins de stress, une meilleure santé, davantage de paix intérieure, davantage de créativité, plus d'enthousiasme et plus d'amour et de compassion pour les autres. Qui sait ? Peut-être, un divin sauveur nous offrira-t-il un jour un tour dans son chariot d'or. Pour toutes les choses merveilleuses que nous avons laissées en préférant le mantra, nous aurons toujours une opportunité plus tard.

Aussi longtemps que nous serons sur le chemin, il y aura toujours plus à voir et à faire. Chaque jour apportera davantage de liberté.

**L'émergence du silence intérieur – Le Témoin**

Jusqu'ici, en parlant du *silence intérieur,* nous avons surtout examiné comment le cultiver par la méditation profonde tout au long de notre voyage sur la route de la purification intérieure. Maintenant, nous allons l'examiner par rapport à nos expériences dans la vie quotidienne.

Nous n'allons pas embrasser une philosophie. Dans les écritures et les traités philosophiques, nous pouvons lire de longues dissertations sur la nature de la conscience et de la vie. Le mental peut bien essayer de comprendre tout cela, mais où cela le mène-t-il ? Pas très loin. Nous ne pouvons pas connaître le goût d'une pomme tant que nous n'avons pas mordu dedans. C'est aussi simple que cela.

On ne connaît pas le goût du gâteau en le regardant, mais en le mangeant.

Les discussions au sujet de la conscience ne sont que cela : des discussions. Ici, nous sommes résolus à nous en tenir à la discussion d'*expériences réelles* et non de théories. Si une expérience est décrite dans ce livre et que vous ne pouvez pas la vivre et l'expérimenter comme un résultat de votre propre méditation profonde alors vous n'êtes pas obligé d'y croire. L'expérience est la pierre de touche de ce qui est vrai et de ce qui ne l'est pas. Vous n'avez pas à croire qui que ce soit sur parole. La pratique de la méditation profonde est à la fois une pratique autogérée et une pratique qui est à elle-même sa propre vérification.

Maintenant, vous pouvez avoir déjà une idée de ce à quoi ressemble l'émergence du silence intérieur. Peut-être avez-vous médité quelques jours et vous en avez senti le goût. Ou bien, vous revenez à ce livre pour le relire après quelques mois de méditation profonde journalière et en ce moment même vous pouvez ressentir la qualité de la tranquillité intérieure.

Plusieurs façons nous permettent de remarquer la montée de notre silence intérieur. Peut-être, certains ont déjà observé des changements en nous et nous l'ont fait remarquer.

Il peut y avoir un sentiment général de paix, une légère sensation d'euphorie qui semble nous suivre tout au long de la journée. Nous pouvons constater que nous nous dérobons un peu moins aux défis auxquels nous devons faire face chaque jour et que nous participons davantage à des discussions là où nous avions précédemment l'impression de n'avoir pas grand-chose à offrir. Ou peut-être, nous aurons envie de nous engager davantage dans la vie avec cette énergie nouvelle que nous découvrons. Les signes de la montée du silence intérieur sont innombrables. Il y a toutefois un symptôme immanquable : l'émergence du *témoin*.

De quoi, au monde, peut-il bien être question quand nous parlons du « témoin » ? S'agit-il de quelque être divin qui nous envahirait furtivement ?

Cela ressemblerait un peu à de la science-fiction, vous ne trouvez pas ? L'invasion du témoin en quelque sorte.

Cela pourrait paraître étrange si ce n'était un fait tout simple. Le témoin est notre *propre soi* au sens le plus profond. Cette part en nous qui expérimente tout ce dont nous sommes conscients, nos pensées, nos sentiments, nos sensations physiques, le monde tout autour de nous. Toutes choses. Que tout cela s'évanouisse, le témoin demeure, notre propre soi qui ne bouge ni ne change à travers toutes les expériences que nous avons dans notre vie toute entière. C'est cela que nous cultivons dans la méditation profonde.

N'est-il pas vrai qu'une part de vous n'a pas changé d'un iota depuis que vous étiez un petit enfant ? Peut-être, regrettez-vous l'innocence de la conscience adorable et pleine de joie que vous aviez étant enfant, conscience recouverte par des couches et des couches d'expériences dans le monde et par les impressions latentes de tout ce fatras. Ne serait-il pas agréable de retrouver cette conscience adorable sans pour autant renoncer à notre vie courante d'adulte ? Après tout, être un adulte a ses avantages. Nous pouvons le faire. C'est l'objectif de la méditation profonde. Retrouver la liberté d'une conscience innocente sans avoir pour autant à changer notre style de vie préféré.

La première fois où nous remarquons la présence du témoin est une révélation. Non qu'il faille réaliser quoi que ce soit. Un jour, nous remarquerons tout simplement qu'au moment où un événement se produisait nous l'observions depuis un endroit paisible en nous qui restait intouché. Ou bien, en pleine action, nous constaterons que la plus grande part de nous-mêmes ne s'implique pas mais observe tranquillement, détachée et peut-être même avec un léger sourire. C'est à cela que cela ressemble.

La présence du témoin amène un sentiment de détachement du tohu-bohu du monde. Un endroit confortable que nous pouvons appeler *notre soi*. C'est en pleine activité qu'on le remarque le mieux. Quand le contraste entre notre soi intérieur et le monde sera à son maximum. Même ceux qui n'ont pas l'habitude de méditer tendent à s'observer eux-mêmes quand un chaos total se manifeste. La vie devient alors comme un rêve. Pour celui qui médite depuis longtemps, certainement, la vie est semblable à un rêve, un rêve plein de joie au milieu même des pires circonstances.

On pourrait argumenter qu'un tel état serait indécent, irresponsable et témoignerait d'un manque total de compassion. C'est bien un des mystères du progrès spirituel se produisant avec l'émergence du silence intérieur et du témoin. Tout en devenant plus joyeux, moins accablés et plus dégagés des peines du monde, nous devenons en même temps beaucoup plus engagés, plus portés à la compassion et beaucoup plus capables de nous aider nous-mêmes et les autres dans les circonstances les plus éprouvantes.

C'est le miracle de la montée du silence intérieur et du témoin. En devenant libres, nous devenons également capables de donner davantage au monde que nous ne l'avions fait jusque-là. Plus nous donnons, plus nous devenons libres.

**La tranquillité dans l'action**

L'évolution de la vie spirituelle est vraiment un paradoxe. La tranquillité dans l'action ? Qu'est-ce qui pourrait être plus paradoxal ? Pourtant c'est ce qui se passe avec la montée du silence intérieur. Avec le temps, cela nous paraît normal. Quand l'immeuble s'écroule, nous pouvons sourire tout en sauvant toutes les personnes à l'intérieur. La conscience divine est capable de telles actions. C'est la tranquillité dans l'action. L'illumination est au mieux de sa forme dans les moments les meilleurs comme dans les pires.

Cela veut-il dire que nous ne pleurerons pas la perte d'un être cher ? Bien sûr que non. Nous aurons les mêmes sentiments et la même sensibilité qu'avant. Nous pleurerons comme avant aux mariages et aux enterrements, peut-être même davantage, car nous *ressentirons* tout plus profondément. Mais nous ne souffrirons pas. Nos racines seront au-delà de la souffrance. Tout le monde ressent la douleur. Mais la souffrance est seulement pour ceux qui s'identifient à leur peine. Avec la montée du silence intérieur et du témoin, nous sentirons encore la douleur, mais nous ne deviendrons pas notre peine et nous n'aurons plus à souffrir. Telle est la différence. Ainsi fonctionne la liberté.

Il n'y a aucune évasion de la vie. A mesure que nous avancerons, nous deviendrons la vie elle-même, la sentant dans les parties les plus profondes de notre âme. Les joies et les tristesses de ce monde ne seront plus que des vagues sur la mer immense et immuable de notre conscience de félicité.

Mais, pour le moment, ne serions-nous pas déjà bien contents de naviguer un peu mieux à travers notre journée ?... Sur notre chemin pour nous réaliser nous-mêmes comme le grand océan infini de la vie. Il n'y a pas de souci à se faire, il y a de la place en abondance pour une participation active et des résultats fructueux à chaque pas sur le chemin depuis la toute première fois où nous nous sommes assis pour méditer.

Quelle que soit la mesure de notre tranquillité, que nous ayons médité un jour, mille jours ou dix mille, il nous incombe d'aller dans le monde et d'être actifs. La tranquillité ne veut pas rester immobile ! Elle veut se mouvoir et s'exprimer dans le monde.

Tel est le marché, voyez-vous ? En échange de ce silence intérieur merveilleux et libérateur cultivé dans la méditation profonde, nous sommes obligés de sortir et d'en faire quelque chose dans le monde. Qui va décider de l'action à accomplir dans le monde avec notre silence intérieur ? Nous, bien sûr. C'est en accord avec nos propres inclinations que nous sortons et nous engageons dans nos activités quotidiennes. Mais en cela, il y a un aspect intéressant. Etant davantage imprégnés de notre silence intérieur, de notre soi véritable, nous faisons nos choix de vie à partir d'un niveau plus profond de notre être. Ce sont toujours nos choix, mais venant d'une place en nous beaucoup plus sage. Nous remarquerons que nos choix de vie se transformeront peu à peu pour être plus en accord avec notre bien-être à long terme et le bien-être de ceux qui nous entourent. Nous verrons les mêmes courants de pensée à partir d'un niveau beaucoup plus profond et nos choix seront plus sages. La sagesse vient du silence intérieur.

C'est pourquoi nous disons, méditez et ensuite sortez et soyez actifs dans le monde. Nous engageons ainsi notre silence intérieur dans nos pensées, mots et actions du jour, facilitant le développement et la stabilisation du silence intérieur, du témoin dans notre système nerveux et notre expérience courante de la vie.

Le chemin de la méditation profonde a deux volets. Par la procédure simple de la méditation profonde, nous plongeons à l'intérieur de notre pure conscience de félicité. Ensuite, nous sortons et nous nous engageons dans le monde, dans nos activités quotidiennes, ce qui stabilise la qualité du silence intérieur en nous. Ce processus à deux faces conduit à l'émergence du silence intérieur et au phénomène de la *tranquillité dans l'action.*

# Chapitre 4 – La liberté

On dit que la liberté est un état d'esprit. Comment créer un état d'esprit réellement libre ? Quelle est la cause sous-jacente de la liberté ? Nous pouvons l'appeler un état d'*être*.

Au-delà de nos pensées, au-delà de nos émotions réside quelque chose d'inébranlable qui peut nous illuminer mieux que quoi que ce soit d'autre dans le monde extérieur. Une fois illuminés de cette façon, nous sommes non seulement libres de notre environnement extérieur, quel qu'il puisse être, mais également libres intérieurement, libres de toutes nos pensées, sentiments et sensations physiques. Cela nous apporte la félicité dans ce que l'on a appelé le *moment présent*, là où notre bonheur ne dépend plus de tel ou tel flot d'événements, ne dépend plus de nos souvenirs du passé ou de nos désirs pour le futur. Quoiqu'il arrive, nous sommes heureux dans l'instant présent et capable d'agir sans des préjugés qui n'auraient aucun rapport avec le moment présent. Cela ne veut pas dire que nous n'aurons pas une vision pour notre vie ou pour le monde. Nous pouvons choisir notre vision en accord avec le travail que nous avons envie de faire quel qu'il puisse être. Mais cela ne nous possédera pas. Nous vivrons et travaillerons toujours dans le moment présent.

Grâce à la méditation profonde, nous saurons que notre être est tranquillité. Ce ne sera pas une idée ou un concept, mais une expérience directe. La tranquillité intérieure est une capacité naturelle que nous avons tous, une capacité que nous pouvons retrouver sans que cela nécessite un effort monumental. Tous les êtres humains sont destinés à se connaître eux-mêmes en tant que silence intérieur et en conséquence ont vocation à être libres. Nous le savons tous au plus profond de notre cœur. Notre liberté ne dépend que de notre désir d'agir. Nous pouvons l'avoir tout simplement en rentrant chaque jour en nous-mêmes.

Il y a plus. Non seulement nous cultivons notre liberté personnelle par la méditation profonde sous forme de silence intérieur inébranlable… mais en plus par la méditation les graines sont plantées pour notre évolution vers la béatitude extatique et l'amour divin débordant ensuite vers l'extérieur. Ces développements forment la pleine floraison de l'illumination bien au-delà des limites de notre corps.

**Le silence et l'extase inébranlable**

Nous avons parlé de l'émergence du silence intérieur dans notre pratique de la méditation profonde deux fois par jour, silence stabilisé à travers nos activités quotidiennes habituelles. A mesure que le silence intérieur devient toujours plus présent dans notre système nerveux, le moment viendra où nous commencerons à avoir la sensation du témoin. Cette part en nous qui n'est pas concernée ou changée par les événements, par tout ce qui peut se passer dans notre environnement interne ou externe. A mesure que le silence intérieur devient notre condition permanente, nous aurons la liberté personnelle. Alors notre nature, notre sens du soi pourra être décrit simplement comme le *silence intérieur inébranlable* permanent.

Les qualités de cet état sont la paix, la créativité, la souplesse d'adaptation, la force, la fermeté et l'amour. Quelque chose que nous pouvons qualifier de *béatitude* imprègne toutes ces qualités, un bonheur tranquille qui ne nous fait jamais défaut. Cette béatitude elle aussi est inébranlable comme tout ce que nous rayonnons naturellement à partir de notre silence intérieur immuable.

Si c'était tout ce que nous pouvons gagner en pratiquant la méditation profonde sur une longue période, cela semblerait déjà beaucoup, ne pensez-vous pas ? Pourtant, il y a encore plus, beaucoup plus.

Le silence intérieur inébranlable dans toute sa gloire immaculée n'est que la première grande étape de ce que nous appelons le processus global de la *transformation spirituelle de l'être humain.* Nous verrons d'autres étapes de notre développement apparaître naturellement dans notre système nerveux et notre vie quotidienne.

Quelque part sur la route, au cours de notre voyage avec la méditation profonde et la purification et l'ouverture qui en résultent, nous expérimenterons ce qui peut être décrit comme *extatique*. En contraste avec la béatitude qui est un aspect inséparable de notre silence intérieur, l'extase est un symptôme de l'énergie interne se mouvant à travers notre système nerveux en train de se purifier. Cette énergie est appelée *prana*, elle est également décrite comme notre *énergie vitale*. Le mouvement du prana en nous anime notre existence physique, mentale et émotionnelle et également tout ce qui existe dans notre environnement.

La méditation profonde influence notre prana, le vivifiant à la hauteur du silence intérieur. A mesure que pendant nos séances de méditation notre système nerveux passe à travers les cycles de purification, nous ressentons le mouvement du prana sous forme de pensées, sentiments et sensations physiques. A mesure que la purification avance, le mouvement du prana à travers nos nerfs procurera un plaisir toujours plus grand ou des sensations extatiques. C'est la conséquence normale de la purification en profondeur de notre système nerveux.

Il existe des moyens supplémentaires pour cultiver notre capacité à conduire davantage de prana à travers notre système nerveux permettant ainsi de monter vers des niveaux plus élevés d'extase divine. Ces moyens additionnels comprennent des pratiques spécifiques visant le mental (samyama), la respiration (pranayama), le corps (asanas, mudras et bandhas) et la sexualité (tantra). Ces méthodes additionnelles sont décrites dans d'autres volumes dont la liste figure à la dernière page de ce livre.

La question peut se poser, pourquoi devons-nous rechercher l'extase en plus du silence intérieur? Le silence intérieur n'est-il pas suffisant? Le silence intérieur peut nous suffire, mais demeurer dans la tranquillité ne suffit pas à notre silence intérieur.

Une fois le silence intérieur établi, il lui est naturel de stimuler le prana pour qu'il se manifeste davantage dans notre système nerveux. Nous l'expérimentons d'abord à travers les symptômes de purification déjà décrits. Ensuite, il va passer à des expériences extatiques à travers une progression naturelle de l'énergie pranique qui se meut en nous. Les pratiques additionnelles mentionnées ci-dessus aident à cultiver et à équilibrer ce processus qui vraisemblablement démarrera et se poursuivra de toute façon grâce à notre seule méditation profonde. Les méthodes additionnelles sont donc là pour aider à cultiver une manifestation du prana régulière et équilibrée.

L'extase, par elle-même, n'est qu'un pas intermédiaire vers un aboutissement beaucoup plus grand. En cultivant à la fois dans notre système nerveux, le silence intérieur et le flot bénéfique du prana nous ouvrons la porte à des manifestations toujours plus grandes de l'immense potentiel de bonheur et de bien qui réside en chacun de nous.

## Le raffinement vers la béatitude extatique

Si l'extase n'est qu'un pas intermédiaire sur le chemin qui nous conduira à davantage, à quoi correspondra ce « davantage »?

Nous savons que la *béatitude* est une qualité inhérente au silence intérieur résultant de la méditation profonde. Dit autrement, la béatitude n'est pas une qualité que nous cultivons pour elle-même comme quelque chose de dynamique en nous. Elle fait partie du paquet du silence intérieur si l'on peut s'exprimer ainsi. Elle est un aspect intrinsèque de la pure conscience de béatitude. Elle est là quand nous enlevons les obstructions de notre système nerveux.

D'un autre côté, l'*extase* est produite par le mouvement de l'énergie. Le mouvement du prana à travers nos nerfs. Au début, l'extase est un sous-produit du processus de purification en cours. En fait elle peut faire illusion en étant en partie le résultat de la *friction* du prana courant à travers des nerfs partiellement purifiés. A mesure qu'avec le temps notre système nerveux s'ouvre et devient un meilleur conducteur du prana (et de l'extase), quelque chose d'étonnant arrive : un raffinement remarquable.

Avec le temps, la ligne de démarcation entre extase et béatitude s'effacera. Ces deux qualités se mélangeront graduellement. Pour le dire plus succinctement, l'extase et le silence intérieur fusionneront. Les deux deviennent un, formant ce que nous pouvons qualifier de *béatitude extatique*.

Expérimentalement, c'est l'union du corps et de l'esprit. Un long processus fusionnel prenant place sur des mois et des années. En un sens, il commence la toute première fois où nous nous sommes assis en méditation profonde et continue pendant toute notre vie de pratiquant de la méditation profonde et des autres pratiques que nous aurons incorporées tout au long du chemin pour soutenir notre progrès.

Il est une chose dont nous pouvons être sûrs, en continuant les pratiques, avec le temps l'extase se raffinera, la présence du silence intérieur et de ses qualités deviendra permanente, la béatitude extatique en résultera, un état de tranquillité vibrant sans fin que nous savons être notre soi.

Il est bon de le savoir, car dans les premières étapes, l'extase peut être extrême et nous distraire de notre pratique. A mesure que la purification avance, elle se raffine. Le résultat final n'a que peu de ressemblance avec les formes d'extase chaotique du début.

Que gagnons-nous quand l'extase s'affine et que le silence intérieur se stabilise ? Dans les différentes traditions autour du monde, cette union du silence intérieur et de l'extase a été appelée *union divine* donnant le jour à une *naissance divine* dans l'homme, la naissance d'une nouvelle dynamique en nous, la naissance de *l'amour divin.*

## L'expansion de l'amour divin dans le monde

Les changements dont nous discutons sont basés sur un processus de transformation neurobiologique du système nerveux humain. Quiconque s'engage directement dans la méditation profonde et les pratiques additionnelles favorisant les changements peut l'observer. Chacun peut le vérifier par lui-même.

Nous avons mentionné que l'*amour* est l'une des caractéristiques de l'émergence du silence intérieur dans notre vie, tout de suite observable sous forme d'une empathie grandissante et de compassion pour les autres. Plus nous méditons, plus le bien-être de notre prochain nous tiendra à cœur. Pourquoi ? De plus en plus, c'est notre propre soi que nous voyons dans le monde qui nous entoure et nous agissons en conséquence.

La montée en nous de la compassion correspond à un courant. Nous pouvons l'appeler le courant de la conscience, une marche sans fin vers la réalisation de l'unité de toutes choses. En poursuivant notre méditation profonde journalière, nous devenons toujours plus conscients de l'unité de toutes choses.

L'union du silence intérieur et des énergies extatiques porte ce processus à un nouveau palier. Une fois notre nature extatique établie dans la tranquillité de notre pure conscience de félicité, nous commençons à expérimenter une dynamique nouvelle. Tout en étant libre dans notre silence intérieur inébranlable, la jonction intime du silence intérieur et de l'extase se produisant en nous, nous propulse à nouveau vers le monde extérieur. Un système nerveux éveillé, pulsant en silence, s'étend dans toutes les directions. C'est un bouillonnement d'amour. Non pas un débordement de sensibilité, même si nous resterons bien assez sentimentaux avec notre sensibilité qui s'intensifie à tout ce qui vit. Toutefois, ce débordement contiendra également les qualités de la pure conscience de béatitude, la paix, la créativité, la fermeté, la compassion et ainsi de suite.

Notre silence intérieur déborde dans tout ce qui nous entoure, même si nous restons assis à ne rien faire. Mais il est plus vraisemblable que nous ne nous contenterons pas de rester assis, surtout si notre inclination naturelle nous pousse à être actifs. Nous suivrons notre béatitude extatique dans le monde sous forme de service aux autres. Ce n'est pas un principe de morale. C'est tout simplement ce qui arrive naturellement quand nous devenons libres et fusionnons le cœur, le mental, le corps et l'esprit. Nous devenons un pur canal pour l'expansion de l'amour divin.

Cette expansion est un nouveau départ, une nouvelle étape du processus. Nous comprenons que notre propre liberté n'est qu'un point de départ dans le grand plan de la création. Nous souhaiterons aller de l'avant jusqu'à ce que tous les êtres humains soient également libres. Leur liberté est l'épanouissement de notre propre liberté. Ainsi va l'influence du silence intérieur, toujours vers les autres, sans limites.

La liberté est un phénomène à plusieurs dimensions, commençant avec l'établissement dans le silence intérieur de notre propre liberté individuelle, venant ensuite à maturation sous forme de félicité extatique pour aller de l'avant pour tout englober sous forme de service aimant, l'expansion de l'amour divin.

Un des tout premiers moyens pour voyager sur la route qui mène à la liberté est la méditation profonde. C'est une pratique simple permettant d'obtenir des résultats pratiques dans notre vie quotidienne tout en contribuant en même temps à la montée de la liberté pour chaque être humain sur la terre.

# Livres et assistance

Yogani est un scientifique américain qui s'est consacré à la vie spirituelle et a cherché, pendant plus de trente ans, à intégrer les techniques du monde entier qui cultivent la transformation spirituelle de l'être humain. L'approche n'est pas sectaire et ouverte à tous. Ses livres sont les suivants :

***Advanced Yoga Practices – Easy Lessons for Ecstatic Living (Two Volumes)***

Deux gros livres d'usage facile comportant plus de 400 leçons détaillées sur le système de pratiques d'AYP.

***The Secrets of Wilder – A Novel***

L'histoire de jeunes américains découvrant et utilisant des pratiques secrètes concrètes conduisant à la transformation spirituelle de l'être humain.

***AYP – SÉRIE POUR L'ILLUMINATION SPIRITUELLE***

Livres sur les pratiques de yoga, faciles à lire, comprenant :

- ***LA MÉDITATION PROFONDE - Le chemin vers la liberté personnelle***
- ***Spinal Breathing Pranayama – Journey to Inner Space***
- ***Tantra – Discovering the Power of Pre-Orgasmic Sex***
- ***Asanas, Mudras and Bandhas – Awakening Ecstatic Kundalini***
- ***Samyama – Cultivating Stillness in Action, Siddhis and Miracles***
- ***Diet, Shatkarmas and Amaroli – Yogic Nutrition and Cleansing for Health and Spirit***
- ***Self-Inquiry – Dawn of the Witness and the End of Suffering***
- ***Bhakti and Karma Yoga – The Science of Devotion and Liberation Through Action***
- ***Eight Limbs of Yoga – The Structure and Pacing of Self-Directed Spiritual Practice***
- ***Retreats – Fast Track to Freedom – A Guide for Leaders and Practitioners***
- ***Liberation – The Fruition of Yoga***

Pour avoir les dernières informations sur les écrits de Yogani et pour bénéficier gratuitement de l'aide du forum d'AYP, veuillez vous reporter à :

**www.advancedyogapractices.com**

Un site internet a été créé en français en août 2010 avec pour objectif de faire connaître au public francophone l'enseignement de Yogani en traduisant en français les leçons mises en ligne par Yogani sur son site internet :

**www.aypsite.ch**

Les livres de « The AYP Enlightenment Series » seront traduits en français en priorité. Le livre sur la méditation profonde est le premier à être traduit, ceux sur la respiration spinale et le tantra devraient suivre en 2013.

5941376R00073

Printed in Germany
by Amazon Distribution
GmbH, Leipzig